中1・2の総復習　**10日でできる 5科の予想問題**

特長と使い方

本書は，毎日5教科・10日間で中学1・2年の範囲をおさらいできます。最新の高校入試問題のうち，中学1・2年に該当するものから重要な問題・よく出る問題を選び，実際の入試に近い形でまとめています。

第1〜8日目

第1〜8日は各教科で単元別に，模擬テスト形式になっています。できなかったところを復習することで，弱点を克服できます。

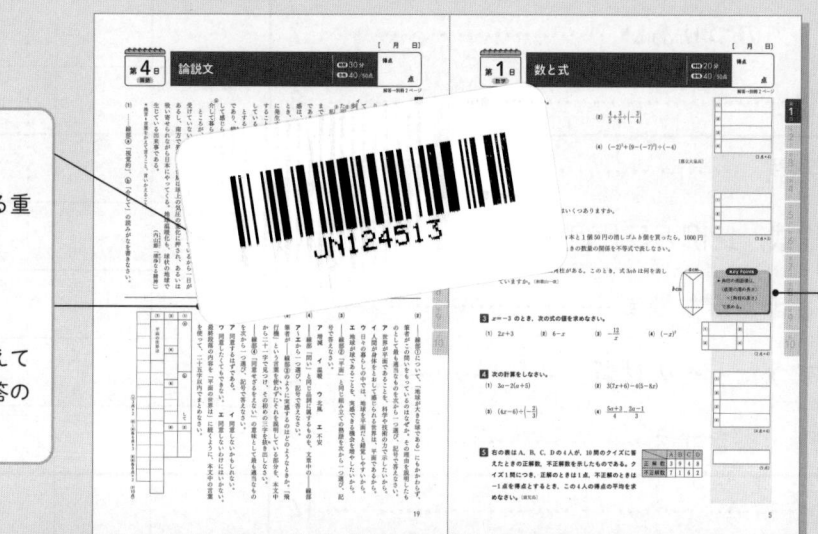

重要

よく出題される重要な問題です。

記述

近年出題が増えている記述式解答の問題です。

Key Points

入試で役立つ解き方や注意点をまとめています。

予想問題（第9・10日目）

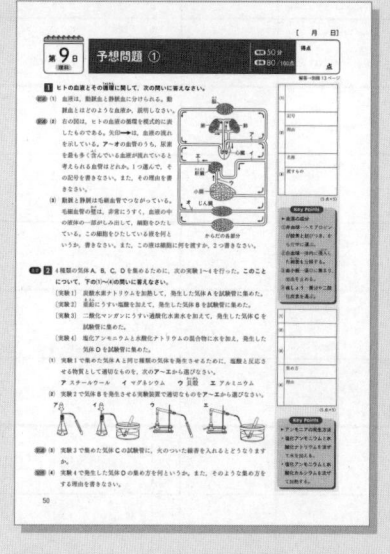

第9〜10日の予想問題で実力を試すことができます。

解答・解説

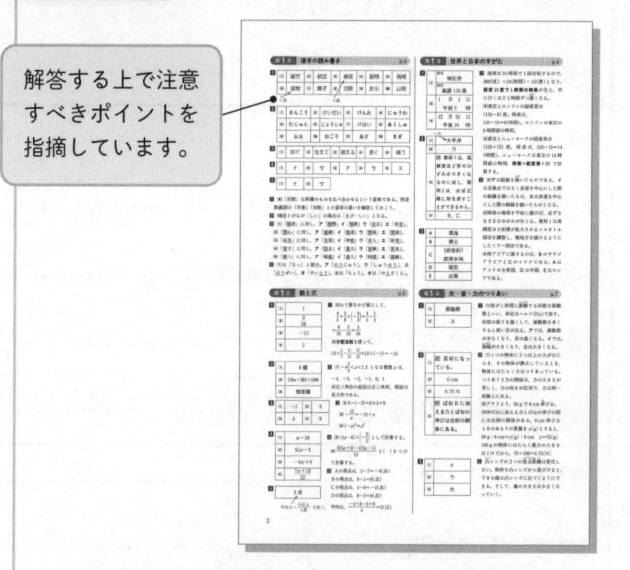

解答する上で注意すべきポイントを指摘しています。

解説では，問題を解く上での着眼点やミスしやすい箇所をくわしくまとめています。

→本冊巻末に「入試に向けた中1・2の学習のポイント」「試験における実戦的な攻略ポイント5つ」があります。

目次と学習の記録表 棒グラフで得点を記録しておこう

本書に関する最新情報は，小社ホームページにある**本書の「サポート情報」**をご覧ください。（開設していない場合もございます。）
なお，この本の内容についての責任は小社にあり，内容に関するご質問は直接小社におよせください。

漢字の読み書き

時間 20分　合格 40／50点

[　月　日]

得点　　点

解答→別冊2ページ

重要

1

次の──線部のかたかなを漢字に直しなさい。

(1) ハチクの勢いで快進撃を続ける。

(2) コウクウ券を予約する。

(3) 旅行のメンミツな計画を立てる。

(4) コクモツの収穫（しゅうかく）。

(5) 研究のリョウイキを広げる。

(6) カモツ列車で運ぶ。

(7) 部屋のショウジをはりかえる。

(8) タイショウ的な性格。

(9) シンショウ棒大に書きたてる。

(10) コウメイ正大な判定。

(1)	(6)
(2)	(7)
(3)	(8)
(4)	(9)
(5)	(10)

〈1点×10〉

2

次の──線部の漢字の読みをひらがなで答えなさい。

(1) 左右の均衡が取れている。

(2) 神社の境内。

(3) 失敗ばかりで自己嫌悪に陥る。

(4) 柔和な祖父の顔。

(5) 言動の矛盾を指摘する。

(6) 願い事が成就する。

(7) あたりの気配をうかがう。

(8) 固い握手をかわす。

(9) 雲が富士山を覆う。

(10) 厳かな式典。

(11) 鮮やかな色のシャツを着る。

(12) 闇（やみ）に紛れる。

(1)	(6)	(11)
(2)	(7)	(12)
(3)	(8)	
(4)	(9)	
(5)	(10)	

〈1点×12〉

3

次の──線部を送りがなをもつけて漢字に直しなさい。

(1) 天をあおぐ。

(2) 身ぶりをまじえて話す。

(3) 学者が自説をとなえる。

(4) 後半の説明をはぶく。

(5) 説明の足りない部分をおぎなう。

(1)	
(2)	
(3)	
(4)	
(5)	

〈2点×5〉

重要

4

次の──線部のかたかなを漢字で表すとき、その漢字と同じ漢字が使われている熟語を次から一つずつ選び、記号で答えなさい。[明治大付属中野高—改]

(1) 民族カイ放運動が起こる。
ア カイ閉　イ カイ散　ウ カイ正　エ 世カイ

(2) 公害問題にカン心を持つ。
ア カン謝　イ カン迎　ウ カン係　エ カン接

(3) 責任を追キュウする。
ア キュウ第　イ 呼キュウ　ウ キュウ人　エ 研キュウ

(4) 危険をオカす。
ア ボウ止　イ ボウ力　ウ ボウ険　エ ボウ易

(5) 生地をタつ。
ア 掲サイ（けい）　イ サイ入　ウ 国サイ　エ サイ縫（ほう）

(1)	
(2)	
(3)	
(4)	
(5)	

5

次の──線部の漢字と同じ読みのものを次から一つずつ選び、記号で答えなさい。[仙台育英学園高]

(1) 彼の説明に納得した。
ア 納入　イ 納豆　ウ 収納　エ 納税　オ 出納

(2) 便利な品物で重宝している。
ア 体重　イ 重力　ウ 慎重　エ 重税　オ 八重桜

(1)	
(2)	

〈4点×2〉

数と式

時間 20分
合格 40/50点

得点

点

解答→別冊 2 ページ

重要 **1** 次の計算をしなさい。

(1) $-8+3-(-7)-1$

(2) $\dfrac{4}{5}+\dfrac{3}{8}\div\left(-\dfrac{3}{4}\right)$

(3) $13\times\left(-\dfrac{1}{3}\right)-13\times\dfrac{2}{3}$

(4) $(-2)^3+\{9-(-7)^2\}\div(-4)$

〔都立大泉高〕

(1)	
(2)	
(3)	
(4)	

〈3 点×4〉

2 次の問いに答えなさい。

(1) $-\dfrac{14}{3}$ と 1.3 の間に整数はいくつありますか。

(2) 1本120円のボールペン a 本と1個50円の消しゴム b 個を買ったら，1000円ではたりなかった。このときの数量の関係を不等式で表しなさい。

(3) 右の図のような正三角柱がある。このとき，式 $3ab$ は何を表していますか。〔和歌山―改〕

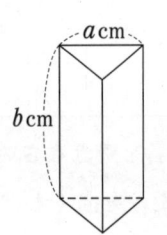
a cm
b cm

(1)	
(2)	
(3)	

〈3 点×3〉

Key Points

▶角柱の側面積は，
（底面の周の長さ）
×（角柱の高さ）
で求める。

3 $x=-3$ のとき，次の式の値を求めなさい。

(1) $2x+3$

(2) $6-x$

(3) $-\dfrac{12}{x}$

(4) $(-x)^2$

(1)		(2)	
(3)		(4)	

〈2 点×4〉

4 次の計算をしなさい。

(1) $3a-2(a+5)$

(2) $3(7x+6)-4(5-8x)$

(3) $(4x-6)\div\left(-\dfrac{2}{3}\right)$

(4) $\dfrac{5a+3}{4}-\dfrac{2a-1}{3}$

(1)	
(2)	
(3)	
(4)	

〈4 点×4〉

5 右の表は A，B，C，D の4人が，10問のクイズに答えたときの正解数，不正解数を示したものである。クイズ1問につき，正解のときは1点，不正解のときは -1 点を得点とするとき，この4人の得点の平均を求めなさい。〔鹿児島〕

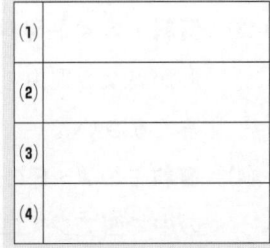

	A	B	C	D
正 解 数	3	9	4	8
不正解数	7	1	6	2

〈5 点〉

第 1 日
社会

世界と日本のすがた

時間 25分
合格 40 / 50点

得点

点

解答→別冊 2 ページ

1 次の各問いに答えなさい。

(1) 日本の標準時を決める経線が通っている都市とその経度を答えなさい。

(2) 東京が 1 月 1 日の正午のとき，ロンドンは何月何日の何時になりますか。

(3) 東京が 1 月 1 日の正午のとき，ニューヨークは何月何日の何時になるか，午前，午後の区別をつけて答えなさい。ただし，ニューヨークの標準時子午線は西経 75 度とする。

(1)	都市	
	経度	
(2)		月　　　日
		時
(3)		月　　　日
		時

〈4点×4〉

2 次の資料をもとにして，あとの各問いに答えなさい。

資料 I　緯線と経線が直角に交わった地図

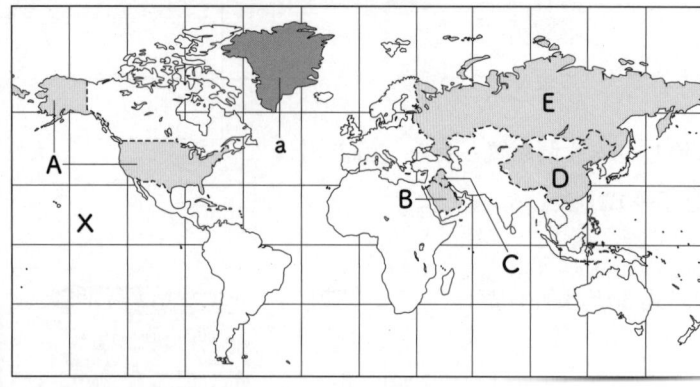

資料 2　地球儀を北極点が中心となるように見た図

(1)	
(2)	
(3)	
(4)	

〈(3)7点，他は 4 点×3〉

重要 (1) **資料 I** の **X** の海洋名を書きなさい。

(2) **資料 2** の図に緯線だけを描くとどのように表されるか，次の**ア〜エ**から 1 つ選び，記号で答えなさい。

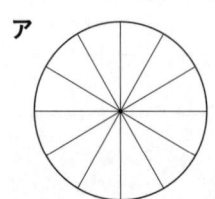ア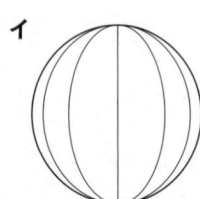イ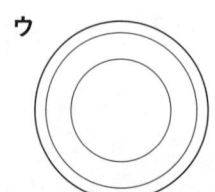ウ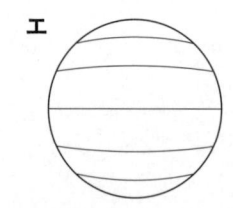エ

記述 (3) **資料 I** の **a** と**資料 2** の **b** は同じ島であるが，表されている形は異なっている。形が異なる理由を，**資料 I** の地図と**資料 2** の地球儀の特色をふまえて，簡潔に答えなさい。

(4) **資料 I** の **A〜E** の国は，世界の原油産出量の上位 5 か国(2020 年)である。この中で西アジアに属する国を **A〜E** から 2 つ選び，記号で答えなさい。〔石川一改〕

Key Points

▶**地球儀**
地球の方位，距離，面積を正しく表す。

▶**世界地図**
世界全体を一度に見ることができるが，方位，距離，面積などは一度に正しく表せない。

3 国の領域について，右の図の **A〜E** に適する語句をそれぞれ答えなさい。

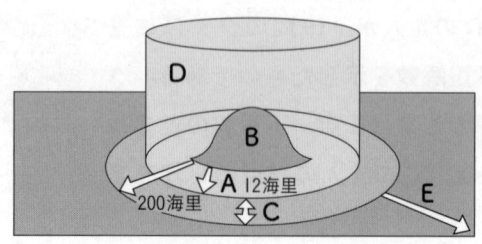

A	
B	
C	
D	
E	

〈3 点×5〉

第**1**日
理科

光・音・力のつりあい

時間 20分
合格 40／50点

得点

点

解答→別冊 2 ページ

重要 **1** 図のようにモノコードを使って音の性質について調べた。**次の問いに答えなさい。**〔沖縄—改〕

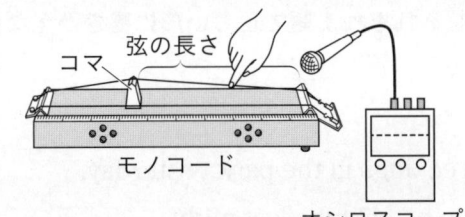

弦の長さ
コマ
モノコード
オシロスコープ

(1) 弦が 1 秒間に振動する回数のことを何というか，書きなさい。

(2) 図で発生させた音よりも高い音にするための操作として，最も適切なものを次の**ア〜エ**から 1 つ選び記号で答えなさい。

　ア コマを移動し，弦の長さを長くする。
　イ 弦をはじく力を強くする。
　ウ 弦の中央をはじく。
　エ 弦の張りを強くする。

2 図 1 のようにして，おもりが静止したのち，ばねの伸びを測定した。**図 2** は，このとき得られた結果をもとに，横軸におもりの質量，縦軸にばねの伸びを表したグラフである。**次の問いに答えなさい。**ただし，100 g の物体にはたらく重力の大きさを 1 N とし，ばねの重さは考えないものとする。〔高知—改〕

図 1

ばね R
ものさし
スタンド
おもり

図 2

ばねの伸び〔cm〕
0 20 40 60 80 100
おもりの質量〔g〕

記述 (1) 図 1 で静止しているおもりにはたらく力は，つりあっている。2 力がつりあっているとき，2 力の向きはどうなっているか，簡潔に書きなさい。

(2) ばね R に 50 g のおもりをつり下げたとき，ばねの伸びは何 cm か，求めなさい。

(3) ばね R を 9 cm 伸ばすために必要な力は何 N ですか。

記述 (4) ばね R に加える力とばねの伸びとの関係を簡潔に書きなさい。

重要 **3** 右の図は，凸レンズによるろうそくの像をスクリーンに映し出すときのようすである。**次の文中の(1)〜(3)の( )の中から適切なものをそれぞれ選びなさい。**〔富山〕

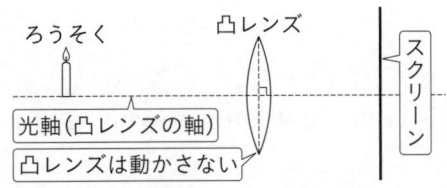

ろうそく　凸レンズ　スクリーン
光軸(凸レンズの軸)
凸レンズは動かさない

　スクリーンに像を結ばせてから，ろうそくだけを光軸(凸レンズの軸)に沿って凸レンズから遠ざけた。凸レンズを動かさずに再び像を結ばせるためには，ろうそくやスクリーンの位置によって凸レンズの焦点距離が(1)(**ア** 変化する **イ** 変化しない)ので，スクリーンを(2)(**ウ** 凸レンズに近づける **エ** 凸レンズから遠ざける)とよい。このようにして再び結んだ像の大きさは，最初の像に比べて，(3)(**オ** 大きく **カ** 小さく)なる。

---

(1)
(2)

〈6 点×2〉

Key Points

▶音源の振動と音の関係
①音の大きさ…振幅が大きいほど，音は大きい。
②音の高さ…振動数が多いほど，音は高い。
③音 色…波の形の違いで現れる。

(1)
(2)
(3)
(4)

〈5 点×4〉

Key Points

▶フックの法則
ばねに加える力とばねの伸びとの関係を表したもの。

(1)
(2)
(3)

〈6 点×3〉

Key Points

▶像の見え方
図の装置で，スクリーンに映る像は，物体と上下左右が逆になる実像である。また，物体が凸レンズの焦点より内側にあると，実像はできない。

第1日
第2日
第3日
第4日
第5日
第6日
第7日
第8日
第9日
第10日

第1日 英語 語の変化

時間 30分
合格 40/50点

得点

点

解答→別冊3ページ

1 次の各文の( )内の語をそれぞれ1語で正しい形に書きかえなさい。

(1) Maki is (run) now.

(2) This book is (I).

(3) Takeshi (see) three dogs in the park yesterday.

(4) My mother (go) to bed at nine last night.

(5) How many (class) do you have on Mondays?

(1)	
(2)	
(3)	
(4)	
(5)	

〈2点×5〉

2 次の各文を〔 〕内の指示にしたがって書きかえなさい。

(1) I have an apple in my bag. 〔主語を Ken にかえて〕
 → Ken ( ) an apple in ( ) bag.

(2) Kumi studies Chinese. 〔「勉強しない」という文に〕
 → Kumi ( ) ( ) Chinese.

(3) We clean the room. 〔「掃除している」という文に〕
 → We ( ) ( ) the room.

(4) Tom watches TV. 〔「見るつもりです」という文に〕
 → Tom ( ) ( ) TV.

(5) Yoko helps her mother today. 〔「手伝わなければならない」という文に〕
 → Yoko ( ) ( ) her mother today.

(1)		
(2)		
(3)		
(4)		
(5)		

〈2点×5〉

Key Points
▶助動詞(will など)の
あとは，動詞の原形が
くる。

3 次の C と D の関係が，A と B の関係と同じになるように，( )の中に適当な語を入れなさい。

	A	B	C	D
(1)	girl	girls	child	( )
(2)	cold	colder	big	( )
(3)	play	played	study	( )
(4)	read	reading	swim	( )

(1)	
(2)	
(3)	
(4)	

〈5点×4〉

重要 **4** 次の英文が正しくなるように，(1)〜(5)の語を適切な形に直しなさい。

May 25

Dear Tom,

 How do you do? This is my first letter to you. I'm a girl student and thirteen years old.

 My father and mother are (1)(teacher). My sister (2)(go) to college. My brother is a junior high school student.

 I like (3)(Japan) sports. My favorite sport is *sumo*. My father likes *sumo*, too. I often watch it on TV with (4)(he).

 Please write to (5)(I) soon.

Your friend,
Nozomi

(1)	
(2)	
(3)	
(4)	
(5)	

〈2点×5〉

語句・熟語

1 次の熟語と構成が同じものを下から一つずつ選び、記号で答えなさい。

(1) 探求 （ア 新年　イ 発声　ウ 採集　エ 有無）

(2) 映画 （ア 軽重　イ 早春　ウ 上昇　エ 育児）

(3) 楽観 （ア 読書　イ 急病　ウ 国営　エ 因果）

(4) 頭痛 （ア 退院　イ 年長　ウ 開閉　エ 出発）

(5) 明暗 （ア 冷水　イ 未開　ウ 貧富　エ 豊富）

(6) 前後左右

（ア 利害得失　イ 一石二鳥　ウ 春夏秋冬　エ 感謝感激）

(1)	(2)	(3)
(4)	(5)	(6)

2 次の各問いに答えなさい。

(1) 次の□には、打ち消しの意味をもつ同じ漢字がそれぞれ一字入る。その漢字を書きなさい。〔鳥取—改〕

① □能　　□許可　　□有名　　□実

② □満　　□得手　　□一心　　□乱

③ □礼　　□合法　　□浅学　　□才

④ □遂　　□曽有　　□前人　　□到

〈1点×6〉

(2) 次の熟語の反対の意味をもつ熟語、または意味が対になっている熟語を書きなさい。〔都立工業・航空高専—改〕

① 安全　② 結果　③ 生産

④ 団体　⑤ 主観

(1)			
①	②	③	④
(2)			
①	②	③	④	⑤

〈2点×9〉

3 次の熟語の類義語をあとから一つずつ選び、記号で答えなさい。〔明治大付属中野高〕

(1) 決着　(2) 好調　(3) 不和　(4) 好機

ア 石橋を叩（たた）いて渡る　イ 千載一遇　ウ 犬猿の仲

エ 波に乗る　オ 逆鱗（げきりん）に触れる　カ 水魚の交わり

キ 付和雷同　ク 目から鼻へぬける　ケ 話が付く

(1)
(2)
(3)
(4)

〈2点×4〉

4 次の□内の語句のうち、「時々刻々」のように上下二字ずつ同じ字を重ねた形になる四字熟語が二つあります。その二つを選び、空欄に適切な字を入れて四字熟語を完成させなさい。〔都立国立高—改〕

悠々□□　　□□正々

□□翼々　　□□孫々

〈4点×2〉

5 次の—線部の漢字と同じ意味で用いられているものを、下から一つずつ選び、記号で答えなさい。

(1) 優柔 （ア 優勝　イ 優美　ウ 優秀　エ 優先）

(2) 証明 （ア 明暗　イ 失明　ウ 透明　エ 判明）

(3) 苦笑 （ア 苦行　イ 苦心　ウ 苦言　エ 苦労）

(4) 治療 （ア 根治　イ 政治　ウ 治水　エ 自治）

(5) 過失 （ア 過去　イ 過誤　ウ 過信　エ 通過）

(1)
(2)
(3)
(4)
(5)

〈2点×5〉

第 **2** 日
数学

1 次方程式，比例と反比例

時間 20分
合格 40 /50点

得点

点

解答→別冊 3 ページ

1 次の 1 次方程式や比例式を解きなさい。

(1) $3x - 5(x-2) = 14$

(2) $0.4 - 0.7x = -0.3(x-1)$

(3) $(4-x) : 3 = (2+x) : 6$

(4) $\dfrac{x-1}{3} - x = \dfrac{2x-3}{5}$

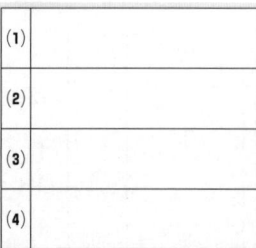

〈4 点×4〉

2 x についての方程式 $4x - 3a = 7 - 3ax$ の解が $x = -2$ のとき，a の値を求めなさい。

〈6 点〉

重要 **3** 家から駅まで時速 4 km で歩くと，列車の発車時刻の 5 分後に到着するので，自転車で時速 15 km で行ったら，列車の発車時刻の 17 分前に到着した。家から駅までの道のりを，次の 2 通りの方法で求めなさい。

(1) 家から駅までの道のりを x km として方程式をつくる。

(2) 家を出てから列車が発車するまでの時間を x 時間として方程式をつくる。

道のり

〈4 点×3〉

4 次の問いに答えなさい。

(1) y は x に比例し，$x = 2$ のとき $y = -6$ である。y を x の式で表しなさい。

(2) 右の表は，y が x に反比例する関係を表している。p の値を求めなさい。

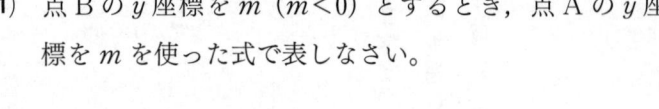

x	$\cdots$	-9	$\cdots$	-6	$\cdots$
y	$\cdots$	p	$\cdots$	3	$\cdots$

〈4 点×2〉

5 右の図は，y が x に反比例する関数のグラフである。2 点 A，B は，このグラフ上にあり，A の x 座標は 3，B の x 座標は -1 である。A の y 座標が B の y 座標より 8 だけ大きいとき，次の問いに答えなさい。〔熊本―改〕

(1) 点 B の y 座標を m（$m < 0$）とするとき，点 A の y 座標を m を使った式で表しなさい。

(2) このグラフの式を求めなさい。

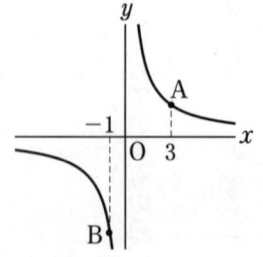

〈4 点×2〉

Key Points

▶反比例 $y = \dfrac{a}{x}$ では，対応する x と y の積 xy は一定で，$xy = a$

第2日
社会

世界のさまざまな地域

時間 25分
合格 40/50点

得点

点

解答→別冊3ページ

1 次の略地図を見て，あとの各問いに答えなさい。

(1) 次の①〜⑤に適する語句を，あとのア〜オから選び，記号で答えなさい。

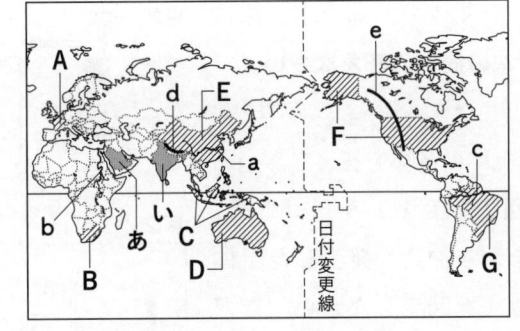

① aの河川（かせん）　② bの河川

③ cの河川　④ dの山脈

⑤ eの山脈

ア ヒマラヤ山脈　イ 長江（ちょうこう）チャンチヤン

ウ ナイル川　エ ロッキー山脈　オ アマゾン川

(2) 次の①〜③の気温と降水量のグラフ(雨温図)は，図中のA・C・Dのどの国の都市のものか。記号で答えなさい。

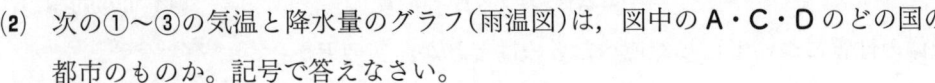

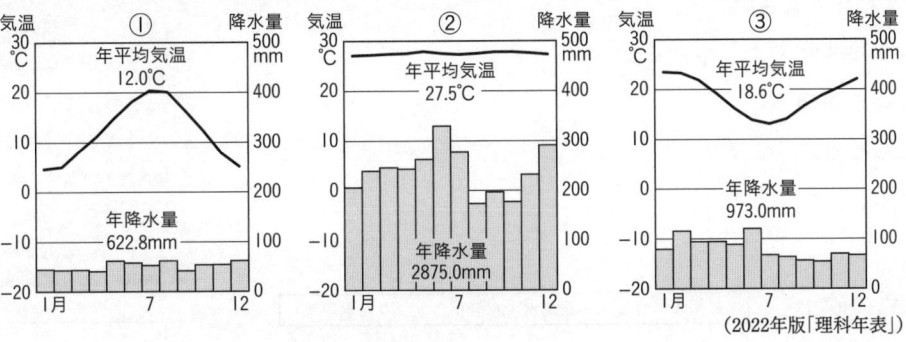

(2022年版「理科年表」)

(3) 次の①〜⑦の説明に適する国を図中のA〜Gから選び，記号で答えなさい。

① EU最大の農業国であり，首都パリは芸術の都として有名である。

② 赤道直下にあり熱帯気候で，石油や天然ガスを産出する。

③ 世界最大の人口を有しており，かつては一人っ子政策がとられていた。

④ 北緯（ほくい）37度以南の地域はサンベルトと呼ばれ，工業地域が発達している。

⑤ 主な貿易相手国は中国や日本などで，多くの鉄鉱石や石炭を輸出している。

⑥ かつてアパルトヘイトと呼ばれる人種隔離（かくり）政策が行われていた。

⑦ 公用語はポルトガル語である。

(4) 右のグラフのX〜Zは，それぞれ図中のあ，い，タイのいずれかの国の宗教別人口構成を示している。あ，い，タイとX〜Zの組み合わせとして適するものを，次のア〜カから選び，記号で答えなさい。〔兵庫—改〕

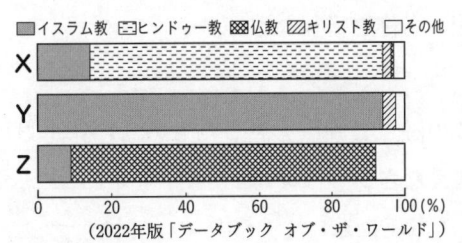

(2022年版「データブック オブ・ザ・ワールド」)

ア あ—X　い—Y　タイ—Z　　イ あ—X　い—Z　タイ—Y

ウ あ—Y　い—X　タイ—Z　　エ あ—Y　い—Z　タイ—X

オ あ—Z　い—X　タイ—Y　　カ あ—Z　い—Y　タイ—X

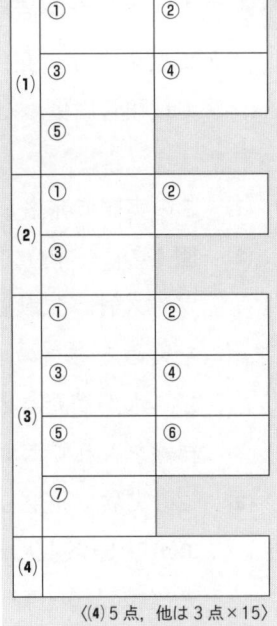

(1)	①	②
	③	④
	⑤	
(2)	①	②
	③	
(3)	①	②
	③	④
	⑤	⑥
	⑦	
(4)		

《(4) 5点，他は3点×15》

Key Points

▶世界の宗教別人口の割合

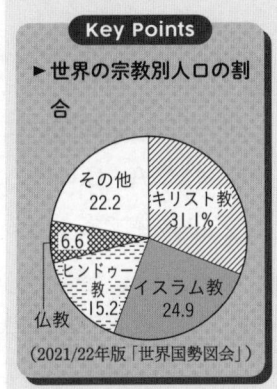

(2021/22年版「世界国勢図会」)

第 **2** 日
理科

物質のすがたとその性質

時間 25分
合格 40/50点

得点

点

解答→別冊 4 ページ

重要 **1** 図1のような装置で，石灰石にうすい塩酸を加えて反応させ，発生する気体の一部を水上置換法で試験管に集めた。**次の問いに答えなさい。**

〔大阪一改〕

図1

塩酸

石灰石

水槽

(1) この実験で発生した気体の名称(めいしょう)を答えなさい。

(2) 図1の □ 内に，**図2**で示すようなゴム管，ガラス管，試験管をかき加え，発生した気体を集めるときのようすを図示しなさい。ただし，水が満たされている部分には例のように斜線を入れて示すこと。

図2

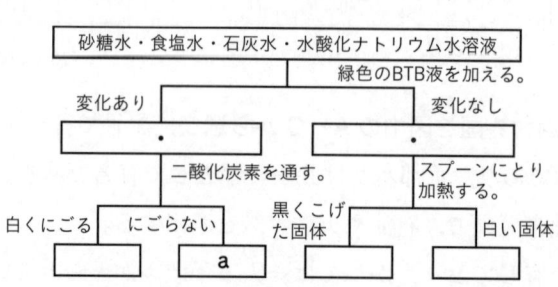

〔例〕

ゴム管　ガラス管　試験管

(3) この実験で発生した気体の性質について正しく述べたものはどれか。次の**ア**〜**エ**から1つ選び，記号で答えなさい。

　ア 空気よりも軽く，水に非常によく溶(と)ける。

　イ ものを燃やすはたらきがある。

　ウ 石灰水を白くにごらせる。

　エ 空気中で火をつけると，燃えて水ができる。

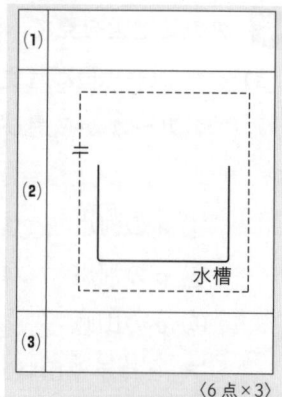

(1)

(2)

水槽

(3)

〈6点×3〉

Key Points

▶気体の集め方

①**下方置換法**…水に溶けやすく，空気より密度が大きい気体の場合。

②**上方置換法**…水に溶けやすく，空気より密度が小さい気体の場合。

③**水上置換法**…水に溶けにくい気体の場合。

2 右の図は，いずれも無色の砂糖水，食塩水，石灰水，水酸化ナトリウム水溶液(すいようえき)を区別するために行った実験の結果をまとめたものである。**次の問いに答えなさい。** 〔千葉〕

砂糖水・食塩水・石灰水・水酸化ナトリウム水溶液
　　　　　　　緑色のBTB液を加える。
変化あり　　　　　　　　　　　変化なし
　・　　　　　　　　　　　　　・
二酸化炭素を通す。　　　　スプーンにとり加熱する。
白くにごる　にごらない　黒くこげた固体　白い固体
　　　　　　　 a

(1) 図で，スプーンにとり加熱したとき，黒くこげた固体が残った水溶液がある。この固体には何がふくまれているか。元素名を書きなさい。

(2) 図で，緑色のBTB液を加えたとき，色が変化した水溶液がある。何色に変化したか，書きなさい。

(3) 図の **a** に入る水溶液の名称を書きなさい。

(1)

(2)

(3)

〈6点×3〉

Key Points

▶有機物と無機物

加熱したときに黒くこげるものは有機物，こげないものは無機物と判断できる。

3 右の表は，物質**A**〜**C**の融点(ゆうてん)と沸点(ふってん)を表したものである。**次の問いに答えなさい。**〔愛媛一改〕

1気圧における融点，沸点

	融点(℃)	沸点(℃)
物質A	−115	78
物質B	−95	56
物質C	81	218

(1) 物質**A**〜**C**のうち，1気圧において，60℃のとき液体であるものを1つ選び，記号で書きなさい。

記述 (2) (1)でそう判断できる理由を，融点，沸点との関係に触れながら，「選んだ物質では，物質の温度(60℃)が」という書き出しに続けて簡単に書きなさい。

(1)

(2) 選んだ物質では，物質の温度(60℃)が

〈7点×2〉

文の整序・書きかえ

時間 30分
合格 40/50点

[月 日]

得点

点

解答→別冊4ページ

1 次の(1)～(5)について，aとbの2つの文がほぼ同じ内容になるように，（ ）の中に適当な語を入れなさい。

(1) a. Ms. Yamamoto is a math teacher.
 b. Ms. Yamamoto （   ） math.

(2) a. My father is older than her father.
 b. Her father is （   ） than my father.

(3) a. She must do her homework today.
 b. She （   ） （   ） do her homework today.

(4) a. Let's have lunch now.
 b. （   ） （   ） have lunch now?

(5) a. Will Ken play tennis tomorrow?
 b. （   ） Ken （   ） to play tennis tomorrow?

(1)	
(2)	
(3)	
(4)	
(5)	

〈3点×5〉

Key Points
▶will ～＝be going to～
「～するつもりです」

2 次の各文を（ ）内の指示にしたがって書きかえるとき，（ ）の中に適当な語を入れなさい。

(1) Tom washes the dishes every day. 〔疑問文に〕
 → （   ） Tom （   ） the dishes every day?

(2) Nancy bought the book yesterday. 〔否定文に〕
 → Nancy （   ） （   ） the book yesterday.

(3) Kumi played <u>tennis</u> last week. 〔下線部を尋ねる文に〕
 → （   ） （   ） Kumi （   ） last week?

(4) They are running <u>in the park</u>. 〔下線部を尋ねる文に〕
 → （   ） （   ） they （   ）?

(5) You are kind to old people. 〔命令文に〕
 → （   ） kind to old people.

(1)	
(2)	
(3)	
(4)	
(5)	

〈4点×5〉

Key Points
▶every day「毎日」
▶everyday「毎日の」

重要 3 次の各文が正しい英文になるように，（ ）の中の語を並べかえ，その順に記号で答えなさい。

(1) （ア he　イ How　ウ is　エ old）?

(2) （ア meet　イ Nice　ウ to　エ you）.

(3) （ア novel　イ written　ウ by　エ This　オ was）Soseki.

(4) （ア know　イ I　ウ use　エ to　オ how）this tool.

(5) （ア are　イ from　ウ Where　エ you）?

(1)	
(2)	
(3)	
(4)	
(5)	

〈3点×5〉

[　月　日]

解答→別冊4ページ 重要

1 次の──線部と、文法的に同じ意味・用法のものを次から選び、記号で答えなさい。〔栃木〕

元気な声であいさつをして先生からほめられる。

ア 雄大な山々が真っ赤な夕日に染められる。

イ 私は好き嫌いがなくなんでも食べられる。

ウ 来週に控えた運動会の天気が案じられる。

エ 大学の先生が私たちの中学校に来られる。

〈4点〉

2 次の──線部の「文の成分」を次からそれぞれ選び、記号で答えなさい。同じ記号を何回使ってもよいものとする。〔日出女子学園高〕

① 雨が降ったのに ② 路面は ③ 悪くなかった。

④ 数学と理科、⑤ それだけは ⑥ 得意である。

⑦ 私は ⑧ 夕日が美しいのに ⑨ びっくりした。

⑩ 十二月八日、⑪ この日は ⑫ 開校記念日だ。

ア 主語　イ 述語　ウ 修飾語　エ 独立語
オ 接続語　カ 主部　キ 述部　ク 修飾部
ケ 独立部　コ 接続部

〈2点×12〉

⑩	⑦	④	①
⑪	⑧	⑤	②
⑫	⑨	⑥	③

3 次の──線部の語は、ア名詞 イ動詞 ウ形容詞のうち、どれにあたるか。適当なものを選び、記号で答えなさい。また、三つのうちのどれにもあたらないものには、×をつけなさい。

①朝起きたときは、②少し寒く、③雨が降っていた。だから、外では遊べないとあきらめていたのが、昼近くになると、雨もあがり、④暖かくなったので、家の前で弟とキャッチボールを⑤して遊んだ。

〈2点×5〉

④	①
⑤	②
	③

4 次の──線部の語の品詞がほかと異なるものを次から一つずつ選び、記号で答えなさい。〔多摩大目黒高—改〕

(1) ア 休まずにどんどん進む。
イ とある町のできごとであった。
ウ いっせいにスタートする。
エ 最後に会ってからずいぶん時間が経った。

(2) ア 彼はいつでも親切だ。
イ 明日の方が天気はよさそうだ。
ウ 不要品が山のようだ。
エ 三日で一冊の本を読んだ。

〈3点×2〉

(1)
(2)

5 次の文は十三の単語に分けられます。上から四番目の単語の品詞名を次から一つ選び、記号で答えなさい。〔沖縄—改〕

歩く人が多くなればそれが道になるのだ。

ア 動詞　イ 形容詞　ウ 助詞　エ 助動詞

〈6点〉

第**3**日
数学

平面図形と空間図形

時間 **25**分
合格 **40**/50点

得点

点

解答→別冊 4 ページ

1 右の図のように，正方形 ABCD の各辺の中点をそれ ぞれ P，Q，R，S，線分 PR と QS の交点を O とする。

(1) △APS を点 O を中心として 180° 回転移動させたと きに重なる三角形を答えなさい。

(2) △DSR を平行移動させたときに重なる三角形を答え なさい。

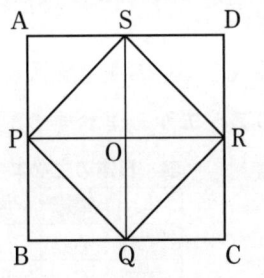

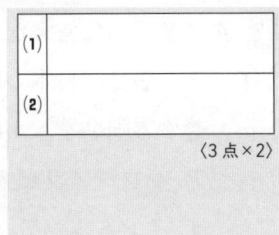

(1)	
(2)	

〈3 点×2〉

重要 **2** 右の図のように，2 点 A，B と直線 ℓ がある。次の問いに答えな さい。ただし，作図に用いた線は残しておくこと。

(1) 直線 ℓ 上に点 P をとって，AP＝BP となるように点 P を作図し なさい。

(2) 直線 ℓ 上に点 Q をとって，AQ＋BQ が最も短くなるように点 Q を作図しなさい。

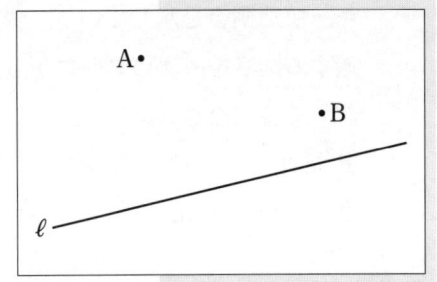

〈5 点×2〉

重要 **3** 右の図は，長方形 ABCD とおうぎ形 BCE を組み合わせた図形 である。この図形を，直線 DE を軸として 1 回転させてできる 立体について，次の問いに答えなさい。

(1) この立体の体積を求めなさい。

(2) この立体の表面積を求めなさい。

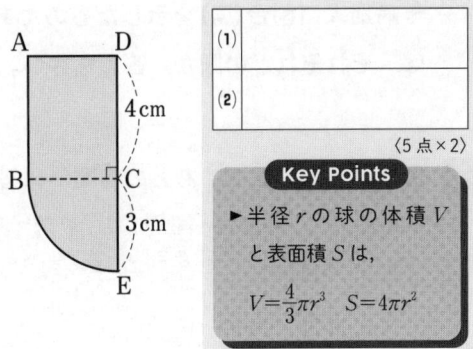

(1)	
(2)	

〈5 点×2〉

Key Points

▶半径 r の球の体積 V と表面積 S は，
$V=\dfrac{4}{3}\pi r^3$　$S=4\pi r^2$

4 右の図のような立方体の展開図がある。次の問いに答えなさい。ただ し，図中の点（・）は立方体の各辺の中点であり，点 P，Q はそれぞれ辺 DE，KL の中点である。〔兵庫〕

(1) この展開図を組み立てて立方体をつくるとき，点 A と重なる点をすべ て答えなさい。

(2) 組み立てた立方体で，2 点 A，E を結ぶ線分をひいた。この線分を展 開図に実線で示しなさい。

(3) 組み立てた立方体において，点 P，Q 以外に点 R を辺上にとり， △PQR が正三角形になるようにしたい。点 R をどの位置にとればよ いか，展開図に×印で示しなさい。

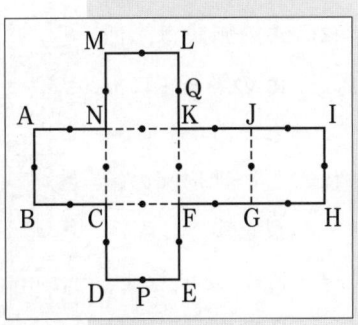

(1)	
(2)	問題の図にかき入れなさい。
(3)	問題の図にかき入れなさい。

〈8 点×3〉

第3日 社会 日本のさまざまな地域 ①

時間 25分　合格 40/50点

得点 　点

解答→別冊 5 ページ

重要 **1** 次の各問いに答えなさい。

(1) 下の**表**は，日本が輸入している主な資源について示している。**表**中の**A～C**に適する国名を，次の**ア～エ**から 1 つずつ選び，記号で答えなさい。

ア サウジアラビア
イ インドネシア
ウ オーストラリア
エ アメリカ合衆国

表　日本の主なエネルギー・鉱産資源の輸入先(金額ベース)

	石炭	原油(石油)	液化天然ガス	鉄鉱石
1位	A	B	A	A
2位	C	アラブ首長国連邦	マレーシア	ブラジル
3位	ロシア	クウェート	カタール	カナダ

(2020 年)　(2021/22 年版「日本国勢図会」)

(2) 右のグラフは，2018 年の各国の発電エネルギー源別割合を示している。表中の**A～C**に適する国名を，次の**ア～エ**から 1 つずつ選び，記号で答えなさい。

ア 日本　　**イ** フランス
ウ カナダ　**エ** 中国

水力　　　　　　　　　　　　　　　原子力
A 8.7% 火力 82.3 6.2
　　　　　　　　　　　　　　　　　その他2.8
B 12.1% 10.0 71.0 6.9
　　　　　　　　　　　　5.7
C 59.0% 19.9 15.4

(2021/22年版「世界国勢図会」)

(1) A　B　C
(2) A　B　C

〈3 点×6〉

Key Points

▶世界の人口
約 78 億人(2020 年)。そのうち，アジアが約 6 割を占める。人口の一番多い国は，中国で約 14.4 億人。

2 右の表の**A～C**は，アメリカ合衆国(2018 年)・日本(2020 年)・メキシコ(2019 年)の 3 つの国の年齢別人口割合(%)を示したものである。**A～C**は，それぞれどの国か，答えなさい。

	0～14 歳	15～64 歳	65 歳以上
A	12.0	59.3	28.8
B	18.6	65.4	16.0
C	26.1	66.4	7.4

(2021/22 年版「世界国勢図会」)

A
B
C

〈4 点×3〉

3 次の地形図を見て，あとの各問いに答えなさい。

(1) **X**山の**a～c**のうち，斜面がもっとも急なものはどれですか。

(2) **A**の施設は，何 m の等高線に沿ってありますか。

(3) この地形図の縮尺を答えなさい。

(4) **X**山から見て，**B**の東紀寺町はどの方位にあるか，8 方位で答えなさい。

(5) **C**と**D**の◯◯で示した部分はどのような土地利用になっているか答えなさい。

(6) **E**と**F**の地図記号と，**G**と**H**に適する地図記号を答えなさい。

(1)
(2)　　　m
(3)　　　分の 1
(4)
(5) C　D
(6) E. X　F. 卅　G. 寺院　H. 官公署

〈2 点×10〉

第3日 理科　生物の観察と分類

時間 25分　合格 40/50点　得点　　点

解答→別冊5ページ

1 エンドウの花を外側から分解して並べて，花のつくりを調べた。また，同じエンドウを10日後に調べ，結果を次の観察記録にまとめた。**次の問いに答えなさい。**

〔宮城一改〕

(1) 花の10日後のようすの **A** の部分は，もとはめしべの何という部分か，書きなさい。

(2) エンドウとは異なり，種子がむき出しのままできる植物として，最も適切なものを，次の**ア～エ**から1つ選び，記号で答えなさい。

ア タンポポ　**イ** アサガオ　**ウ** イチョウ　**エ** カキ

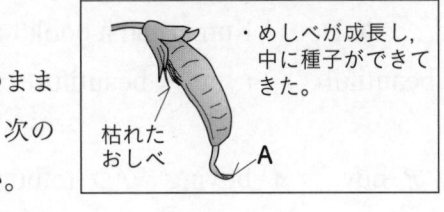

花の10日後のようす
・めしべが成長し，中に種子ができてきた。
枯れたおしべ　A

(1) ｜
(2) ｜
〈6点×2〉

2 図は，ゼニゴケ，タンポポ，スギナ，イチョウ，イネの5種類の植物を，さまざまな特徴①～④に注目して，あてはまるものには○，あてはまらないものには×をつけ，分類したものである。**次の問いに答えなさい。**〔兵庫一改〕

(1) 次の**ア～エ**の特徴は，それぞれ図の①～④のいずれかにあてはまる。図の②の特徴として適切なものを，次の**ア～エ**から1つ選び，記号で答えなさい。

ア 種子をつくる　**イ** 葉，茎，根の区別がある
ウ 子葉が2枚ある　**エ** 子房がある

(2) 図の **A**～**C** の植物として適切なものを，次の**ア～ウ**からそれぞれ1つずつ選び，記号で答えなさい。

ア タンポポ　**イ** イチョウ　**ウ** イネ

5種類の植物 — ①
○ — ② — ④ ○ — A
　　　　　　× — B
　　　× — C
○ — スギナ
③
× — ゼニゴケ

(1) ｜
(2) A ｜ B ｜ C
〈5点×4〉

Key Points

▶植物のなかま分け
①種子をつくる→種子植物
②子房がない→裸子植物
③子房がある→被子植物
④子葉が2枚→双子葉類
⑤子葉が1枚→単子葉類
⑥種子をつくらない→シダ植物，コケ植物
⑦葉，茎，根の区別がない→コケ植物

3 脊椎動物や，無脊椎動物である軟体動物について調べた。**次の問いに答えなさい。**

〔三重一改〕

(1) イモリの呼吸のしかたについて説明した，次の文の（ **X** ），（ **Y** ）に入る適当な言葉は何か，それぞれ書きなさい。

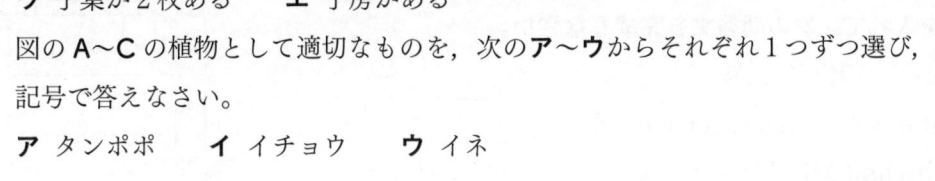

子は（ **X** ）という器官と皮膚で呼吸する。子とはちがい，親は（ **Y** ）という器官と，皮膚で呼吸する。

(2) アサリのように，軟体動物になかま分けすることができる動物はどれか，次の**ア～オ**から最も適当なものを1つ選び，記号を書きなさい。

ア クラゲ　**イ** ミジンコ　**ウ** イソギンチャク
エ イカ　**オ** ミミズ

(1) X ｜ Y
(2) ｜
〈6点×3〉

第1日 第2日 第3日 第4日 第5日 第6日 第7日 第8日 第9日 第10日

語句の補充・選択 ①

解答→別冊 5 ページ

1 次の各文が正しい英文になるように，ア～ウの中から適当な語(句)を選んで，記号で答えなさい。

(1) I like (ア he　イ his　ウ him) very much.

(2) Mike (ア doesn't　イ didn't　ウ can't) watch TV last night.

(3) (ア Will　イ Did　ウ Does) Kumi read a book tomorrow?

(4) This flower is (ア beautiful　イ more beautiful　ウ beautifuler) than that one.

(5) My brother wants (ア buy　イ buying　ウ to buy) a new bike.

(1)	
(2)	
(3)	
(4)	
(5)	

〈2点×5〉

Key Points

▶前に出てきた名詞のくり返しを避けたいときには one を使う。

2 次の日本文の意味に合うように，( )の中に適当な語を入れなさい。

(1) 窓を開けてはいけません。

( ) open the window.

(2) 猫がテーブルの下で寝ています。

A cat is sleeping ( ) the table.

(3) あなたの車を洗いましょうか。

( ) I wash your car?

(4) 今日は学校に行かなくてもよい。

You don't ( ) to go to school today.

(5) あの鳥を見なさい。

Look ( ) that bird.

(1)	
(2)	
(3)	
(4)	
(5)	

〈2点×5〉

3 ( )の中に適当な語を入れて，次の問答文を完成しなさい。

(1) ( ) pen is this? — It's Tom's.

(2) What ( ) is it now? — It's seven o'clock.

(3) Do you know Ichiro and Misaki?

— Yes, I do. ( ) are my friends.

(4) ( ) is that girl? — She's my sister.

(5) ( ) are you happy, Kumi? — Because I got a present.

(6) ( ) is your birthday? — It's July 9.

(1)	
(2)	
(3)	
(4)	
(5)	
(6)	

〈4点×6〉

4 次の英文の①～③の( )の中に入る最も適当な語を下のア～カから選んで，記号で答えなさい。

My name (①) Oka Nanami. I am from Yokohama. I am twelve years old. I am a junior high school student. I (②) music. I listen (③) pop music every day. I play the guitar. I practice it after dinner.

〔 ア am　イ at　ウ likes　エ to　オ like　カ is 〕

①	
②	
③	

〈2点×3〉

18

1 次の文章を読んで、あとの問いに答えなさい。〔新潟一改〕

地球はホットケーキのような円盤状のものなのか、それとも丸い球①なのかという問いをいまでも私はもっている。こんなことを言ったら小学生にも笑われてしまうだろう。地球が大きな球であることとはわかりきったことなのだから。それでもなおこのような問いをもちつづけているのは、私たちが生きている世界、つまり視覚的にとらえられた平面の世界では、地球は山や谷というデコボコを伴っ②た平面の世界として存在しているからである。

私が地球は球であることを実感することがあるとすれば、遠い外国③まで飛行機で行くときくらいで、このときだけは地球は平面でなく球であることに同意せざるをえない。つまり、地球は球であるという実感は、私が生きるうえでのすべてのことを飛行機にゆだねてしまったとき、換言すれば「科学や技術の力に生命をまかせてしまったとき」に発生するのであって、日々の見たり聴いたり、話したり、歩いたり④することを大事にしている世界では、地球は平面的なものとして存在している。

とすると、この普通に生きているときにとらえられた世界は、偽りであり、錯覚であるのか。そうではないであろう。人間が身体をとおして感じられる世界は平面であり、その世界のなかで私たちは身体を介して暮らしているのである。

ところが、この平面の世界が、地球が球であることからくる影響を受けていないかといえばそうではない。球が自転しているから一日があるし、南方で発生した台風は球上の気圧の変化に押され、あるいは吸い寄せられながら日本にやってくる。地球温暖化も、球状の地球で生じている出来事である。

（内山節「清浄なる精神」）

*換言＝言葉をかえて言うこと。言いかえること。

(1) ──線部ⓐ「視覚的」、ⓑ「介して」の読みがなを書きなさい。

(2) ──線部①について、「地球が大きな球である」にもかかわらず、筆者がこの問いをもっているのはなぜか。その理由を説明したものとして最も適当なものを次から一つ選び、記号で答えなさい。

ア 世界が平面であることを、科学や技術の力で示したいから。

イ 人間が身体をとおして感じられる世界は、平面であるから。

ウ 日々の暮らしの中では、地球を平面だと錯覚しやすいから。

エ 地球が球であることを、実感できる機会を増やしたいから。

(3) ──線部②「平面」と同じ組み立ての熟語を次から一つ選び、記号で答えなさい。

ア 増減　　イ 温暖　　ウ 北風　　エ 不安

(4) ──線部「問い」と同じ品詞に属するものを、文章中の──線部ア～エから一つ選び、記号で答えなさい。

重要 (5) 筆者が──線部③のように実感するのはどのようなときか。「飛行機」という言葉を使わずにそれを説明している部分を、本文中から二十一字で見つけ、その初めの三字を抜き出しなさい。

(6) ──線部④「同意せざるをえない」の意味として最も適当なものを次から一つ選び、記号で答えなさい。

ア 同意するはずである。　　イ 同意しないかもしれない。

ウ 同意したくてもできない。　　エ 同意しないわけにはいかない。

記述 (7) 最終段落の内容を「平面の世界は」に続くように、本文中の言葉を使って、二十五字以内でまとめなさい。

(1)	ⓐ			ⓑ		して
(2)						
(3)		(4)		(5)		(6)
(7)	平面の世界は				

(1)3点×2
(2)～(4)各6点×3
(5)(6)各8点×2
(7)10点

第4日 数学　式の計算，連立方程式

時間 25分　合格 40/50点　得点　　点

解答→別冊 6 ページ

重要 1 次の計算をしなさい。

(1) $12ab \div 3a \times 2b$ 〔徳島〕

(2) $-3(x+2y)+2(5x-y)$ 〔茨城〕

(3) $3ab^2 \times (-2a)^3 \div \left(-\dfrac{8}{3}ab\right)$ 〔長崎〕

(4) $6\left(\dfrac{2x-3y}{3} - \dfrac{3x-2y}{2}\right)$ 〔京都〕

(1)	
(2)	
(3)	
(4)	

〈3点×4〉

2 等式 $m = \dfrac{4a+3b}{7}$ を a について解きなさい。〔秋田〕

〈4点〉

3 連続する5つの整数の和は5の倍数となる。このことを，連続する5つの整数のうち最も小さい数を a として，説明しなさい。

〈8点〉

重要 4 次の連立方程式を解きなさい。

(1) $\begin{cases} -2x+5y=1 \\ 3x+y=7 \end{cases}$ 〔東京〕

(2) $\begin{cases} x - \dfrac{x-y}{2} = -3 \\ \dfrac{x+y}{2} + y = -20 \end{cases}$

(1)	
(2)	

〈4点×2〉

5 連立方程式 $\begin{cases} ax+2y=-b \\ 2ay=-8x+b \end{cases}$ の解が $x=1$, $y=3$ のとき，a, b の値をそれぞれ求めなさい。〔都立白鷗高〕

〈8点〉

6 太郎さんは，放課後，家に置いていた本を図書館に返却するために，午後4時に学校を出発し，徒歩で家まで帰った。家に到着して5分後に自転車で図書館に向かい，午後4時18分に到着した。徒歩は毎分80 m，自転車は毎分240 mの速さで，学校から家を経て図書館までの道のりの合計は2 kmである。連立方程式をつくり，太郎さんが家を出発した時刻を求めなさい。〔和歌山─改〕

式	
答	

〈式5点, 答5点〉

第4日 社会　日本のさまざまな地域 ②

時間 25分
合格 40/50点

得点

点

解答→別冊 6 ページ

1 右の図の p～s に関して述べた文として適切でないものを，次のア～エから1つ選び，記号で答えなさい。〔兵庫—改〕

ア　p は，土地や品種の改良により自然環境を克服し，米の産地となっている。

イ　q は，多くの野生生物が生息する貴重な生態系が評価され，世界遺産に登録された。

ウ　r は，北方領土のうち，面積がもっとも大きい島である。

エ　s は，日本が水産資源や鉱産資源を管理できる排他的経済水域に含まれる。

〈8点〉

2 次の地図や表を見て，あとの各問いに答えなさい。〔青森—改〕

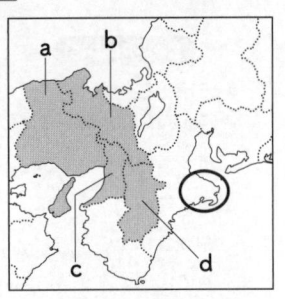

	工業出荷額(億円)〈2019年〉	米生産額(億円)〈2019年〉	畜産生産額(億円)〈2019年〉	国宝・重要文化財の指定件数(建造物)〈2022年〉
ア	162633	480	569	122
イ	56588	174	125	351
ウ	21224	110	56	328
エ	169384	72	19	107

(2022年版「データでみる県勢」など)

(1) 地図中の◯で見られる海岸線が入り組んだ地形を何というか答えなさい。

(2) 右上の表は，地図中 a～d の府県の工業出荷額，米生産額，畜産生産額，国宝・重要文化財の指定件数(建造物)を示している。a を示しているものを，表のア～エから1つ選び，記号で答えなさい。

(1)

(2)

〈(1)10点，(2)8点〉

3 右の表は，島根県，広島県，愛媛県，高知県の人口，農業産出額，工業出荷額を示したものである。表中のX～Zにあてはまる県の組み合わせとして正しいものを，次のア～エから1つ選び，記号で答えなさい。〔埼玉—改〕

	人口(千人)	農業産出額(億円) 米	野菜	果実	工業出荷額(億円)
X	2801	247	236	172	98047
Y	692	112	715	104	5953
Z	1336	152	190	527	43303
島根県	672	193	94	39	12488

(人口は2020年，ほかは2019年)　(2022年版「データでみる県勢」)

ア　X—広島県　　Y—愛媛県　　Z—高知県

イ　X—広島県　　Y—高知県　　Z—愛媛県

ウ　X—愛媛県　　Y—広島県　　Z—高知県

エ　X—高知県　　Y—愛媛県　　Z—広島県

〈8点〉

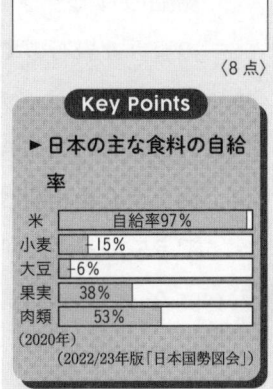

Key Points

▶日本の主な食料の自給率

米	自給率97%
小麦	15%
大豆	6%
果実	38%
肉類	53%

(2020年)
(2022/23年版「日本国勢図会」)

4 右の表は，福岡県，佐賀県，宮崎県，沖縄県の産業などに関するものである。福岡県(A)と宮崎県(B)に適するものを，表中のア～エから1つずつ選び，記号で答えなさい。〔佐賀—改〕

	大豆の収穫量(t)	ブロイラーの産出額(億円)	金属製品の出荷額等(億円)	宿泊旅行者数(千人) 出張・業務	観光・レクリエーション
ア	279	687	403	603	887
イ	0	14	548	662	5446
ウ	10300	26	5777	3033	3682
エ	10100	92	1071	586	683

(大豆の収穫量は2020年，ほかは2019年)　(2022年版「データでみる県勢」など)

A

B

〈8点×2〉

第**4**日 理科

大地の変化

解答→別冊6ページ

1 図は，ある露頭をスケッチした模式図である。この露頭を観察した地域では，地層の上下の逆転や断層はなく，それぞれの地層は，平行に重なっており，ある一定の方向に傾いている。**次の問いに答えなさい。**〔福岡—改〕

地表からの距離（m）

A層：赤茶色から黄土色の泥の層であった。

B層：灰色の砂の層で，小さな丸い粒が見られた。

C層：灰色のれきの層で，粒は角がとれて丸くなっていた。

D層：茶色の火山灰の層で，細かい粒であった。

E層：灰色の層で，サンゴの化石を含んでいた。

サンゴの化石

(1) A層〜E層のうち，最も古い地層を1つ選び，記号で答えなさい。

記述 (2) 図の下線部について，C層に含まれているれきが，丸みを帯びた理由を，簡潔に書きなさい。

記述 (3) E層が堆積した当時，この地層がある地域はどのような環境であったと考えられるか，簡潔に書きなさい。

2 図1，2は，花こう岩とたい積岩をそれぞれルーペで観察し，スケッチしたものである。**次の問いに答えなさい。**〔新潟〕

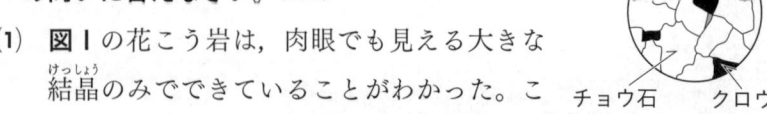

図1　花こう岩　鉱物A　チョウ石

図2　たい積岩　クロウンモ

記述 (1) 図1の花こう岩は，肉眼でも見える大きな結晶のみでできていることがわかった。このような岩石のでき方を，「マグマ」という用語を用いて書きなさい。

(2) 花こう岩には，チョウ石，クロウンモのほかに，白っぽい鉱物Aが含まれている。この鉱物Aの名称を書きなさい。

(3) 図2のたい積岩は，直径が0.5 mm〜1 mm程度の丸みを帯びた粒が固まってできていることがわかった。このたい積岩の名称を書きなさい。

3 1995年の兵庫県南部地震について調べた。**図1**は震央（×で示した地点）と調査地点A，B，Cの位置を示し，**図2**は，A，B，C地点での地震計の記録を示している。**次の問いに答えなさい。**〔埼玉〕

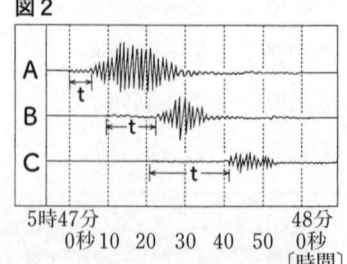

図1　震央　B・　×・A　C

図2　5時47分　0秒 10 20 30 40 50　48分 0秒〔時間〕

(1) 図2の地震計の記録に見られる，tで示される範囲の「初めの小さなゆれ」を何といいますか。

記述 (2) 図1，2から，tで示される「初めの小さなゆれ」の続く時間が震央から離れた地点ほど長くなるのはどうしてか。その理由を簡潔に書きなさい。

(1)

(2)

(3)

〈6点×3〉

Key Points

▶示準化石

①古生代…サンヨウチュウ，フズリナ

②中生代…アンモナイト，キョウリュウ

③新生代…ビカリア，ナウマンゾウ，メタセコイア

▶示相化石

①サンゴ…あたたかくきれいな浅い海。

②シジミ…湖や沼，河口。

③アサリ…浅い海。

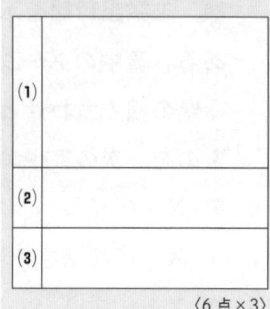

(1)

(2)

(3)

〈6点×3〉

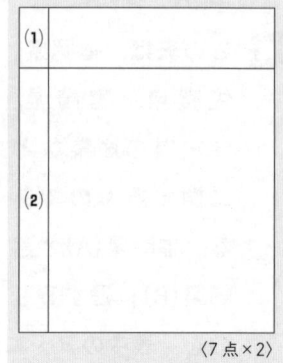

(1)

(2)

〈7点×2〉

第4日 英語 語句の補充・選択 ②

時間 30分
合格 40/50点

得点

点

解答→別冊6ページ

1 次の各文が正しい英文になるように，ア～ウの中から適当な語(句)を選んで，記号で答えなさい。

(1) Where (ア do　イ did　ウ does) you and Tom go last week?

(2) We enjoyed (ア make　イ making　ウ to make) a cake.

(3) I hope (ア see　イ to see　ウ saw) her some day.

(4) They wanted something (ア drink　イ drinking　ウ to drink) then.

(5) Do you think (ア that　イ and　ウ or) Miku will come here?

(6) Which country is (ア more large　イ larger　ウ large), America or China?

(1)	
(2)	
(3)	
(4)	
(5)	
(6)	

〈2点×6〉

Key Points
▶ some day「いつか」
▶ some days「数日」

重要 **2** 次の日本文の意味に合うように，(　)の中に適当な語を入れなさい。

(1) この本はいくらですか。

(　　) (　　) is this book?

(2) 英語は中国語よりも難しい。

English is (　　) (　　) than Chinese.

(3) 彼は勉強をするために図書館に行きました。

He went to the library (　　) (　　).

(4) 1年は12か月あります。

(　　) (　　) twelve months in a year.

(5) テレビを見るのをやめなさい。

(　　) (　　) TV.

(6) あなたは昨夜，何をしていましたか。

What (　　) you (　　) last night?

(1)		
(2)		
(3)		
(4)		
(5)		
(6)		

〈3点×6〉

3 次の各組の対話文が完成するように，(　)の中に適当な語を入れなさい。

(1) A : (　　) (　　) dogs do you have?

B : I have three.

(2) A : (　　) is Jim's guitar?

B : That red one is his.

(3) A : (　　) is the weather in Okinawa?

B : It's cloudy.

(4) A : (　　) is the youngest in your family?

B : My sister is.

(5) A : (　　) are you studying so hard?

B : Because I'll have a test tomorrow.

(1)	
(2)	
(3)	
(4)	
(5)	

〈4点×5〉

Key Points
▶ have＋動物
「(動物)を飼っている」

1 次の文章を読んで、あとの問いに答えなさい。〔千葉〕

「おっかあ！」

与吉は、うちのわら屋根が見えると、思わず大きな声でさけんだ。

妹のふみが、すばやく兄のすがたを見つけたらしい、ころがるようにとんでくる。

ふみは、どしんと兄にぶつかると、

「にい！」といって、まぶしいものでもながめるように、与吉の顔を見あげた。

「ふみ、もちを食ったら、ますますふくれたな。」

与吉も、なつかしさがむねにいっぱいになって、ふみのほっぺたを両手でだいた。

与吉がふみの手をひいて、家のかどぐちの戸をくぐると、奥のほうから母親のふさがとびだしてきた。

与吉は、去年の十月から弥平じいや五助おじといっしょに、油島の工事に出ていた。

正月以来、ちょうどひと月ぶりに家にかえったことになる。

考えてみると、

「まあ、与吉！ なんやおまえ、ちょっともうちへこずに……。」と、ふいに与吉の顔を両手ではさんだ。

「与吉、おまえ、①ちょっとやせやせんか。」と、じいっと与吉の顔を見つめて、□ような声でいうと、

なんともいえない母親のなつかしいにおいが、与吉のからだ全体を②つつんだ。

与吉は、思わずふさにだきつきたくなったが、あわてて母親の手をはらいのけた。

「うん、おら元気や、うでやって太うなったぞ。」と、仕事着をめくって力こぶをつくってみせた。

「そんならええけど……。でも、なんでまた、ひと月もかえってこんのや。」

ふさは、またおこったようにいう。

「そんなもん、仕事がいそがしいんやでしかたがないさ。それに、日一日とつつみがりっぱにでけていくんや、楽しみでうちなんかかえっておれん。」

与吉は、おとなのようにそういって、いろりの横にあぐらをかいた。

（岸武雄「千本松原」）

*弥平じいや五助おじ＝少年与吉がともに働く村人たち。

（1）□に入る最も適当な言葉を□よりあとの文章から四字で抜き出しなさい。

（2）――線部①「ちょっとやせやせんか」から読み取れる母親の心情として最も適当なものを次から一つ選び、記号で答えなさい。

ア 息子らを雇ってくれた上役への感謝。

イ 息子につらく当たる村人へのうらみ。

ウ 家を出て立派になった息子への気づかい。

エ 家から離れて働く息子への気づかい。

重要

（3）――線部②「つつんだ」の主語を一文節で抜き出しなさい。

（4）本文では、与吉のどのような気持ちが中心に描かれているか。最も適当なものを次から一つ選び、記号で答えなさい。

ア 長い間家を離れていたことを反省する気持ちと、家で母親を手伝いたいという気持ち。

イ 家族から離れて暮らすわびしい気持ちと、それをこらえている自分を励ます気持ち。

ウ 一人前の仕事をしている自分を誇らしく思う気持ちと、家族をなつかしく思う気持ち。

(4)	(1)
	(2)
	(3)

（1）〜（3）各10点×3
（4）20点

第 **5** 日
数学

1 次関数

1 次の問いに答えなさい。

(1) 点 $(4, 0)$ を通り，直線 $y=-\dfrac{3}{2}x+3$ に平行な直線の式を求めなさい。

(2) 2 点 $(2, 5)$，$(-1, -4)$ を通る直線の式を求めなさい。

(3) 2 直線 $y=\dfrac{3}{2}x-5$ と $y=2x+a$ の交点の x 座標が 6 であるとき，a の値を求めなさい。

(4) 2 直線 $2x-3y+2=0$ と $3x+2y-m=0$ が y 軸上で交わるとき，m の値を求めなさい。 〔玉川学園高〕

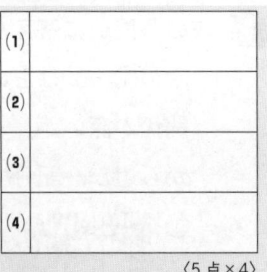

(1)	
(2)	
(3)	
(4)	
〈5 点×4〉

重要 **2** 右の図のように，原点を O とし，4 点 A$(1, 4)$，B$(1, 2)$，C$(5, 2)$，D$(5, 4)$ がある。〔佐賀―改〕

(1) 2 点 O，A を通る直線の式を求めなさい。

(2) 点 D を通り，2 点 O，A を通る直線に平行な直線の式を求めなさい。

(3) x 軸上に x 座標が正である点 P をとり，△OAP の面積が △OAD の面積と等しくなるようにする。このとき，点 P の座標を求めなさい。

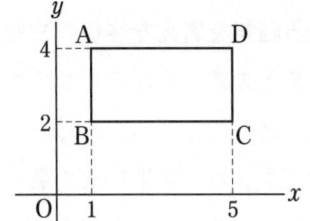

(1)	
(2)	
(3)	
〈5 点×3〉

Key Points

▶ 高さの等しい 2 つの三角形の面積の比は，底辺の比に等しい。

3 ある工場では，2 種類の燃料 A，B を同時に使って，ある製品を作っている。燃料 A，B はそれぞれ一定の割合で消費され，燃料 A については，1 時間あたり 30 L 消費される。この工場では燃料 A，B の残量が 200 L になると，ただちに，15 時間一定の割合で燃料を補給する。グラフは燃料 A，B について，「ある時刻」から x 時間後の燃料の残量を y L として，「ある時刻」から 80 時間後までの x と y の関係を表したものである。〔茨城―改〕

(1) 「ある時刻」の燃料 A の残量を求めなさい。

(2) 「ある時刻」の 20 時間後から 35 時間後までの間に燃料 A は 1 時間あたりに何 L 補給されていたか求めなさい。

(3) 「ある時刻」から 80 時間後に，燃料 A の残量は燃料 B より 700 L 少なかった。燃料 B が「ある時刻」から初めて補給されるまでの時間を求めなさい。

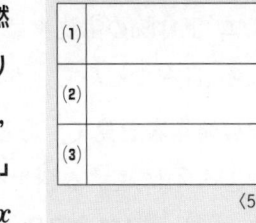

(1)	
(2)	
(3)	
〈5 点×3〉

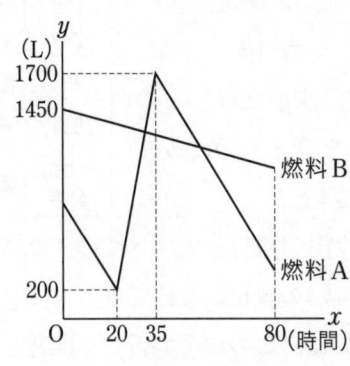

古代までの日本

時間 25分
合格 40/50点

得点

点

解答→別冊 7 ページ

1 次の各問いに答えなさい。

(1) 次の①・②はどの地域で栄えた文明と関係が深いか。右の略地図中の**ア〜オ**から選び，記号で答えなさい。

① 　②

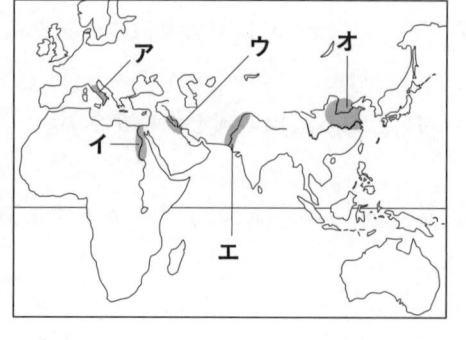

(2) 次の文の①・②に適する語句を，あとの**ア〜エ**から 1 つずつ選び，記号で答えなさい。

・仏教は紀元前 6 世紀ごろ，（　①　）が（　②　）で説き始め，後に日本に伝わった。

ア アラビア半島　　**イ** インド　　**ウ** ムハンマド　　**エ** シャカ(釈迦)

2 次の各文の（　）に適する語句を答えなさい。また各文が述べているできごとと同じ時期のできごとを，あとのア〜オから 1 つずつ選び，記号で答えなさい。

(1) 邪馬台国の女王（　　）が，倭の 30 余りの国々を従えていた。

(2) 近畿地方に大和政権が生まれ，各地に王や豪族を葬る（　　）がつくられた。

(3) 聖徳太子が役人の心得である（　　）を制定した。

(4) 中大兄皇子は中臣鎌足とともに蘇我氏をほろぼし，（　　）を行った。

(5) （　　）天皇は国ごとに国分寺と国分尼寺を，都には東大寺を建てた。

ア 法隆寺を代表とする，日本で最初の仏教文化が生まれた。

イ 朝鮮半島から日本に移り住んだ人々が漢字や仏教を伝えた。

ウ 中国では後漢がほろび，魏・呉・蜀の三国に分かれて争っていた。

エ 正倉院の宝物をはじめとした天平文化が盛んになった。

オ 日本で初めてとされる年号として，「大化」の年号が用いられた。

3 次の略年表を見て，あとの各問いに答えなさい。

(1) ①〜④に適する語句を次の**ア〜カ**から 1 つずつ選び，記号で答えなさい。

ア 貞永　　**イ** 平安　　**ウ** 平城
エ 大宝　　**オ** 唐　　**カ** 隋

重要 (2) 下線部 **A** に関連して，次の文の①・②に適する数字や語句を答え，③にあてはまる語句を選びなさい。

・戸籍に登録された（　①　）歳以上のすべての人々に（　②　）が与えられ，面積に応じて③(租・庸・調)の負担が義務づけられていた。（　②　）は死ぬと国に返すことになっていたが，この法令で新しく開墾した土地の私有が認められた。

記述 (3) 下線部 **B** について，藤原氏はどのようにして勢力をのばしたのか，「天皇」という語句を使って簡潔に答えなさい。

年	できごと
701	（ ① ）律令がつくられる
710	都を（ ② ）京に移す
743	A墾田永年私財法が出される
794	都を（ ③ ）京に移す
894	遣（ ④ ）使が停止される
11 世紀前半	藤原氏によるB摂関政治が栄える

〈3 点×4〉

(1)	①
	②
(2)	①
	②

(1)					
(2)					
(3)					
(4)					
(5)					

〈2 点×10〉

Key Points

▶ 岩宿遺跡(群馬県)
旧石器時代の遺跡
▶ 三内丸山遺跡(青森県)
縄文時代の遺跡
▶ 吉野ヶ里遺跡(佐賀県)
弥生時代の遺跡

(1)	①
	②
	③
	④
(2)	①
	②
	③
(3)	

〈(3) 4 点，他は 2 点×7〉

解答→別冊 7 ページ

1 図 I のような装置で電熱線
に加える電圧を 2 V, 4 V,
6 V, 8 V と変え, そのとき
に流れる電流の強さを測定し
た。**図 2** は, その結果をグ
ラフにまとめたものである。
次の問いに答えなさい。〔静岡—改〕

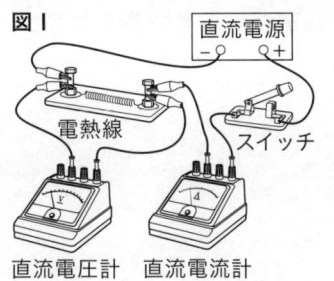
図 I
電熱線
直流電圧計 直流電流計
直流電源
スイッチ

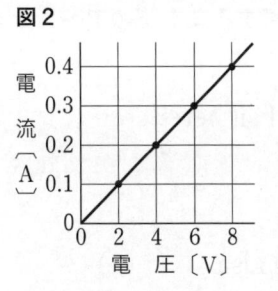
図 2

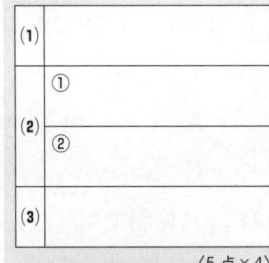
図 3
A

(1) この実験では, 電圧計の－端子を次の**ア～ウ**の
どれにつなぐのが適切か。1 つ選びなさい。

  ア 3 V   **イ** 15 V   **ウ** 300 V

(2) 電流計で 500 mA の－端子を用いたとき, その指針が**図 3** のようになった。
  ① 電流計の目盛りを読みなさい。
  ② また, このとき電熱線に加わる電圧は何 V か, **図 2** のグラフを参考にして
    読みとりなさい。

(3) このとき用いた電熱線の抵抗は何 Ω ですか。

2 同じ種類の乾電池 1
個と豆電球を使って,
右の図のような回路
をつくった。**図 I** は
豆電球 1 個の回路, **図 2** は豆電球 2 個の並列回路, **図 3** は豆電球 2 個の直列回路
である。これらの豆電球を同時に点灯させて, 明るさを比較した。**次の問いに答
えなさい。**〔兵庫〕

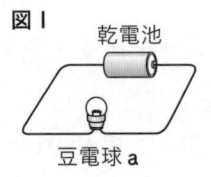
図 I
乾電池
豆電球 a

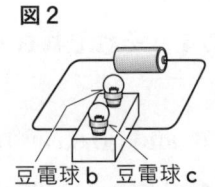
図 2
豆電球 b 豆電球 c

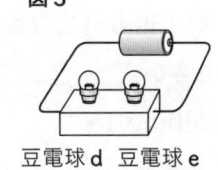
図 3
豆電球 d 豆電球 e

(1) 豆電球 b と豆電球 d で, 流れる電流が小さいのはどちらか。その記号を書き
なさい。

(2) **図 2**, **図 3** において, 豆電球 a と同じ明るさの豆電球はどれか。b～e からす
べて選び, その記号を書きなさい。

(3) **図 2**, **図 3** において, 豆電球 b, 豆電球 d をはずしたとき, 点灯している豆電
球はどれか。c, e からすべて選び, その記号を書きなさい。

3 図 I のように, 真空放電管の電極 A, B 間に高い電圧を
加えると, 蛍光板上に光る線が現れた。さらに, **図 2**
のように, 電極 C, D 間にも電圧を加えると, 光る線
は電極 D 側に曲がった。**次の問いに答えなさい。**〔愛媛—改〕

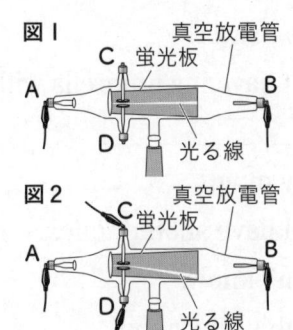
図 I
C 蛍光板
真空放電管
A   B
D   光る線

図 2
C 蛍光板
真空放電管
A   B
D   光る線

(1) **図 I** の蛍光板上に現れた光る線は, 何という粒子の
流れによるものか, 書きなさい。

(2) **図 2** の電極 C は＋極, －極のいずれですか。

(1)
①
(2)
②
(3)

〈5 点×4〉

Key Points

▶ **電流計と電圧計の端子**
①**直流電流計**…正面から
  見て, 右から＋端子,
  － 端子(5 A, 500 mA,
  50 mA)となっている。
②**直流電圧計**…正面から
  見て, 右から＋端子,
  －端子(3 V, 15 V,
  300 V)となっている。
  どちらも一番大きい値
  の端子からつなぐ。

(1)
(2)
(3)

〈6 点×3〉

Key Points

▶ **回路と電流**
  直列回路を流れる電流
  の大きさは, 回路のど
  の点でも等しい。
  並列回路を流れる電流
  の大きさは, 並列の各
  部分に流れる電流の大
  きさの和になる。

(1)
(2)

〈6 点×2〉

第 **5** 日
英語

文の完成

時間 30分
合格 40/50点

得点

点

解答→別冊 8 ページ

1 次の( )の中に最も適する文を下のア～カから選び，記号で答えなさい。

(1) ＜電車の中で＞　　　　　　　　　　　　　　　　　　　　　〔長野―改〕

A : (　　　　) May I sit here?

B : Sure.

(2) ＜電話で＞　　　　　　　　　　　　　　　　　　　　　　　〔福島―改〕

A : Hello. This is Lisa. (　　　　)

B : I'm sorry. He's out.

(3) ＜店で＞　　　　　　　　　　　　　　　　　　　　　　　　〔宮崎―改〕

A : How about this one?

B : I don't like this color. (　　　)

(4) ＜部屋で＞　　　　　　　　　　　　　　　　　　　　　　　〔沖縄―改〕

A : It's very hot.

B : (　　　)

ア Show me another one.　　イ See you.　　ウ Thank you for your order.

エ Excuse me.　　オ Shall I open the window?　　カ May I speak to Mike?

(1)	
(2)	
(3)	
(4)	

〈5 点×4〉

Key Points

▶対話文を完成させる問題では，対話の場面と空所の前後の文の意味をつかむことがポイント。

2 次の(1)～(5)の文の後に続く最も適当なものを，それぞれ右のア～キから 1 つずつ選んで，記号で答えなさい。

(1) My brother was watching TV　　　ア and go straight along the street.

(2) I think that　　　イ if you are free tomorrow.

(3) Turn right at the corner,　　　ウ he is busy.

(4) I couldn't go there　　　エ that I'll use this computer.

(5) Let's play tennis　　　オ when I came here.

カ but I can't find the restaurant.

キ because I was sick.

(1)	
(2)	
(3)	
(4)	
(5)	

〈4 点×5〉

重要 **3** 次の対話の流れに合うように，文中の▢に，下のア～エから適当な文を選んで，記号で答えなさい。〔愛知―改〕

〈10 点〉

Kate : Oh, no! It's raining. I can't believe it.

Alex : Kate, what's the matter?

Kate : Hi, Alex. I don't have my umbrella with me.

Alex : ▭

ア Thank you very much.

イ Here you are. I have another one.

ウ I'm sorry. I don't know.

エ Sure. I'm free this afternoon.

第6日 国語 — 随筆

解答→別冊8ページ

1 次の文章を読んで、あとの問いに答えなさい。〔福井—改〕

1 かつて、書店に勤めていた。売場に立てば、朝から晩まで「いらっしゃいませ。」「ありがとうございます。」だ。ある時、昼休みを終えたアルバイトの女の子が、くすくす笑いながら戻ってきた。どうしたのかと聞くと、弁当箱の蓋を開け　A　。というつもりが、手を合わせて　B　。と頭を下げたのだそうだ。

2 買物をした際、あるいはタクシーを下りる際、釣り銭を受け取りながら、ごく自然に「ありがとうございます。」と言ってしまう。受けたサービスへの謝礼だ。悪いことではないし、相手にきょとんとされるようなふるまいでもないけれど、無表情のまま釣り銭を差し出す店員や運転手にあたると、「なんでお客だけが礼を言うんや。」と苦笑してしまう。

3 商売というのはすばらしいシステムだ。この世の幸福の総和が増大するようにできている。ごまかしがなく、納得した上でのフェアな取引ならば、双方ともが喜べるのだから。自由主義社会には競争があるゆえ、「うちで買っていただいてありがたい。」と売り手は感謝しなくてはならないにしても、別に買い手が偉いわけではない。

4 「いやお客は偉い。買う時は、だれもが王様になる。」という考え方もあるだろう。しかし、それだと無用のストレスが社会に広りそうで、賛同しかねる。

5 子供のころ、駄菓子屋でキャラメルを買う時や、食堂で親が精算をしている時、「買ってやったぞ。」とお客様面をしていた。高度経済成長期に育ったので、小学生でもいっぱしの消費者として扱われた結果と言える。そんな私が現在のように変化したのは、自分が社会に出て接客の現場にいたせいだろうが、それに先立つ経験もある。

（有栖川有栖「お客は偉くない」）

(1) ——線部 a〜d の「ない」のうち、品詞の異なるものを一つ選び、記号で答えなさい。

(2) A ・ B に入る言葉の組み合わせとして最も適当なものを次から一つ選び、記号で答えなさい。

ア（A いらっしゃいませ　　B ありがとうございます）
イ（A いただきます　　　　B いらっしゃいませ）
ウ（A ありがとうございます B いただきます）
エ（A ありがとうございます B いらっしゃいませ）

(3) ——線部①「双方」とは、だれとだれのことか。本文からそれぞれ三字で抜き出しなさい。

(4) ——線部②とあるが、「私」が「王様」のような気持ちになったときのことが書かれている一文を本文から探し、はじめの三字を抜き出しなさい。

(5) ——線部③「いっぱし」の意味を書きなさい。

(6) 次の文は、本文中の 1 〜 5 のどの段落のあとに入れるのが最も適当か。その段落の番号を答えなさい。

　「ありがとうございます。」も癖になる。

(7) 本文から読みとれる筆者の考え方として最も適当なものを次から一つ選び、記号で答えなさい。

ア 買う時は、だれもが王様になるという考え方に賛同している。
イ 運転手は、釣り銭を無表情で出してもしかたがない。
ウ 売り手と比較して、買い手が偉いということはない。
エ 子供でもいっぱしの消費者として扱われたかったら、お客様面するべきだ。

(6)	(4)	(1)
(7)	(5)	(2)
		(3)

(1)(2)各5点×2　(3)5点×2　(4)・(6)・(7)各7点×3　(5)9点

第 **6** 日
数学

平行と合同

⏱時間 25分
✓合格 40/50点

得点

点

解答→別冊 8 ページ

1 次の図の ∠x の大きさを求めなさい。

(1) $\ell \parallel m$

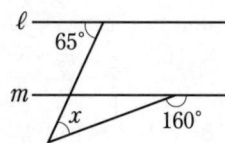

〔岩手〕

(2) BE，CE は ∠B，∠C の二等分線

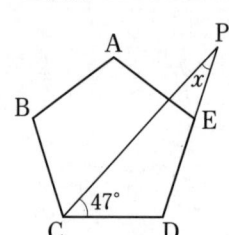

重要 (3)

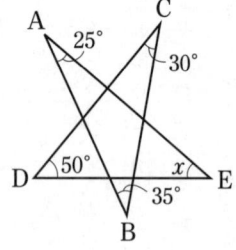

〔岐阜〕

重要 (4) 五角形 ABCDE は正五角形

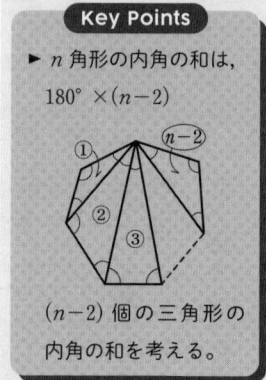

〔福島〕

(1)	
(2)	
(3)	
(4)	

〈5点×4〉

Key Points

▶ n 角形の内角の和は，
$180° \times (n-2)$

（$n-2$）個の三角形の
内角の和を考える。

2 右の図のように，△ABC の辺 BC の中点を D とし，AD の延長上に AD＝ED となる点 E をとる。このとき，AC∥BE であることを証明しなさい。

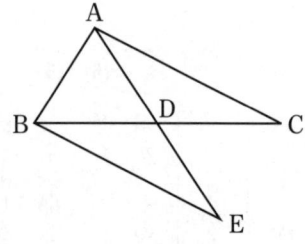

〈15点〉

重要 **3** 右の図のように，△ABC の辺 AC 上に AD＝DE＝EC となる 2 点 D，E がある。点 D を通り直線 BE に平行な直線と辺 AB との交点を F，点 C を通り辺 AB に平行な直線と直線 BE との交点を G とする。このとき，△AFD≡△CGE であることを証明しなさい。

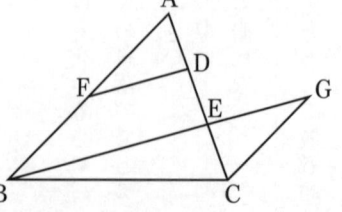

〔岩手一改〕

〈15点〉

第**6**日
社会

中世の日本

解答→別冊8ページ

1 次の略年表を見て，あとの各問いに答えなさい。

(1) 表中の①～⑥に適する人物名を，次の**ア～カ**から1つずつ選び，記号で答えなさい。

ア 足利義満
イ 後醍醐天皇
ウ 平清盛
エ 白河上皇
オ 足利尊氏
カ 源頼朝

(2) 次の①～③のできごとは，表中のどの時期におきたか。A～Gから1つずつ選び，記号で答えなさい。
① 応仁の乱　② 承久の乱
③ 保元の乱

(3) 表中の鎌倉幕府について，次の文の下線部が誤っている。それぞれ正しい語句を答えなさい。

年	できごと
	↕ A
1086	（ ① ）の院政が始まる
	↕ B
1167	（ ② ）が武士として初めて太政大臣になる
	↕ C
1192	（ ③ ）が征夷大将軍になる→鎌倉幕府
	↕ D
1334	（ ④ ）が建武の新政を始める
	↕ E
1338	（ ⑤ ）が征夷大将軍になる→室町幕府
	↕ F
1392	（ ⑥ ）が南北朝を統一する
	↕ G

- 幕府は国ごとに a国司を，荘園や公領ごとに b郡司を置いた。
- 北条氏は c管領の地位を独占し，政治の実権をにぎった。
- 2度にわたる d宋軍の襲来をうけたが，幕府はこれを退けた。
- 困窮した御家人の生活を救うため，幕府は e御成敗式目を出した。

(1)	①
	②
	③
	④
	⑤
	⑥
(2)	①
	②
	③
(3)	a
	b
	c
	d
	e

〈2点×14〉

2 次の各問いに答えなさい。

(1) 幕府は正式な貿易船に，右の証明書をもたせて中国との貿易を行った。この証明書を何というか答えなさい。

(2) 朝鮮半島では高麗がほろび，朝鮮国が建国された。朝鮮国でつくられた独自の文字を何というか答えなさい。

(3) 尚氏が沖縄島を統一し，首里を都として建てた国を何というか答えなさい。

(4) 蝦夷地では古くから狩りや漁を行っていた民族が，和人の進出に圧迫され，度々抵抗した。この民族を何というか答えなさい。

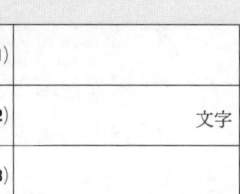

(1)	
(2)	文字
(3)	
(4)	民族

〈(1)4点，他は2点×3〉

3 次の表の①～⑥に適する語句や人名をあとの**ア～コ**から選び，記号で答えなさい。

表

鎌倉時代の文化	室町時代の文化
（ ① ）…後鳥羽上皇の命令で編集された歌集。	観阿弥・世阿弥が（ ④ ）を大成させる。
金剛力士像…（ ② ）らが制作した力強い彫刻。	（ ⑤ ）が日本の水墨画を完成させる。
徒然草…（ ③ ）による随筆集。	（ ⑥ ）…足利義満が北山に建てた別荘。

ア 能
イ 狂言
ウ 兼好法師
エ 鴨長明
オ 雪舟
カ 運慶
キ 新古今和歌集
ク 万葉集
ケ 金閣
コ 銀閣

| ① |
| ② |
| ③ |
| ④ |
| ⑤ |
| ⑥ |

〈2点×6〉

第6日 理科　化学変化と原子・分子

時間 25分　合格 40／50点　得点　点

解答→別冊9ページ

1 図1のように，ビーカーに入れた液体のロウの液面の高さに印をつけ，液体のロウとビーカーを合わせた質量をはかった。<u>この液体のロウを冷やすと，すべてのロウが固体になった。</u>この固体になったロウとビーカーを合わせた質量をはかった後に，ロウの表面のようすを観察した。**次の問いに答えなさい。**〔愛媛〕

(1) **図2のア～エ**のうち，すべてのロウが固体になったときのロウの断面のようすを模式的に表しているものとして，最も適当なものを1つ選びなさい。

(2) 下線部のとき，ロウの密度はどうなったか。「大きくなった」，「小さくなった」，「変わらなかった」のいずれかの言葉を書きなさい。

図1　　　図2

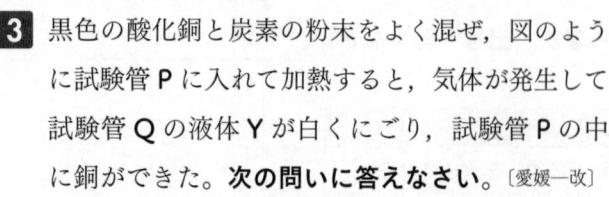

(1)	
(2)	

〈6点×2〉

Key Points

▶**密度の見当づけ**

同じ質量でも体積が大きければ，密度は小さくなる。また体積が小さければ，密度は大きくなる。

重要 **2** 図1のように，ステンレス皿に銅の粉末をうすく広げ，空気中で加熱して完全に酸化させた。酸化の前後で質量の変化を調べると，表のような結果になった。**次の問いに答えなさい。**〔長崎―改〕

(1) 銅の粉末をうすく広げた理由として正しいものを，次の**ア～エ**から1つ選びなさい。

　　ア 発生した熱を空気中へ逃がすため。
　　イ 発生した気体を空気中へ逃がすため。
　　ウ 銅の粉末どうしを結びつけるため。
　　エ 銅の粉末と空気をふれやすくするため。

(2) 銅と酸素が結びついた酸化銅の化学式を書きなさい。

(3) 表をもとに，銅の質量と銅と結びついた酸素の質量との関係を表すグラフを**図2**にかき入れなさい。

(4) 銅の粉末10gを完全に酸化させた場合，酸化銅は何gできるか。表をもとに計算しなさい。

図1

ステンレス皿
銅の粉末

銅の質量〔g〕	0.4	0.8	1.2	1.6
酸化銅の質量〔g〕	0.5	1.0	1.5	2.0

図2

（縦軸）結びついた酸素の質量〔g〕　（横軸）銅の質量〔g〕

(1)	
(2)	
(3)	図2にかき入れなさい。
(4)	

〈5点×4〉

Key Points

▶**定比例の法則**

反応する銅と酸素の質量の比は必ず一定になる。これを定比例の法則という。

グラフで表すと，原点を通る直線になる（比例）。

3 黒色の酸化銅と炭素の粉末をよく混ぜ，図のように試験管Pに入れて加熱すると，気体が発生して試験管Qの液体Yが白くにごり，試験管Pの中に銅ができた。**次の問いに答えなさい。**〔愛媛―改〕

(1) 銅は，酸化銅が炭素によりどうされてできたものか。酸化，還元のいずれかで答えなさい。

(2) 液体Yの名称を書きなさい。

(3) この実験で起こった化学変化を，化学反応式で表しなさい。

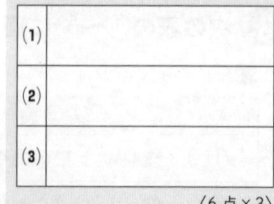

酸化銅と炭素の混合物
試験管P
ピンチコック
試験管Q
ガラス管
液体Y

(1)	
(2)	
(3)	

〈6点×3〉

第**6**日 英語

語句の補充・選択 ③

時間 35分　合格 40/50点　得点　点

解答→別冊 9 ページ

重要 **1** 次の(1)〜(5)の各文の（　）にあてはまる語を下の〔　〕内から選びなさい。

ただし，各語とも 1 回のみ使えるものとする。

(1)　That window was broken (　　　) Tom.

(2)　I wrote a book (　　　) animals.

(3)　We eat *oyatsu* (　　　) lunch and dinner.

(4)　Nancy will go to China (　　　) the summer vacation.

(5)　Tom can run the fastest (　　　) the three.

〔of, about, between, by, during〕

(1)
(2)
(3)
(4)
(5)

〈3 点×5〉

2 次の(1)〜(5)の各文は，下の日本文を英文にしたものである。文中の（　）の中にそれぞれ最も適当な語を入れなさい。ただし，答えはすべて（　）内に指示された文字で書き始めること。

(1)　Will you show me (a　　　) shirt?

別のシャツを見せてくれませんか。

(2)　Who is the boy (w　　　) blue eyes?

青い目をした男の子は誰ですか。

(3)　John is very (i　　　) in Japanese food.

ジョンは日本食にたいへん興味を持っています。

(1)
(2)
(3)

〈5 点×3〉

重要 **3** 次の対話文の(1)〜(4)にあてはまる英文はどれか，下のア〜クから選んで，その記号で答えなさい。〔香川―改〕

Masao : Excuse me, Ms. Brown. I am a member of the newspaper club. We are going to write about you in our school newspaper. ⬚(1)⬚

Ms. Brown : Sure.

Masao : Where are you from?

Ms. Brown : I'm from Sydney.

Masao : Sorry? ⬚(2)⬚

Ms. Brown : I'm from Sydney in Australia.

Masao : O.K. What do you think of Japanese students?

Ms. Brown : ⬚(3)⬚

Masao : Yes, I think so, too. Well, thank you very much, Ms. Brown. Have a nice day.

Ms. Brown : Thank you. ⬚(4)⬚ Good-bye.

ア You, too.
イ May I ask you some questions?
ウ Say that again, please.
エ They are very quiet.
オ I think you will.
カ Oh, do you?
キ No, thank you.
ク I don't have to go.

(1)
(2)
(3)
(4)

〈5 点×4〉

Key Points

▶応答のパターン

①May I 〜? / Could you〜?

→ Sure. / Of course. / Why not? など

②Shall we 〜?

→ Yes, let's. など

1日　2日　3日　4日　5日　第6日　7日　8日　9日　10日

第7日 国語　詩・短歌・俳句

時間 30分
合格 40/50点
得点　　点

解答→別冊9ページ

1 次の詩と鑑賞文を読んで、あとの問いに答えなさい。

　小さな靴

　　　　　　　高田敏子

新しい靴にはきかえてゆく
子供はそうして次々に
英子の足にはもう合わない
忘れて行ったまま二カ月ほどが過ぎていて
満二歳になる英子の靴だ
小さな靴が玄関においてある

小さな靴は　おいてある
花を飾るより　ずっと明るい

おとなの　疲れた靴ばかりならぶ玄関に

い花のように咲くのです。

もちろんここには、「次々に／新しい靴にはきかえてゆく」子供の成長の速さや、　A　の子供と　B　の大人たちとの対比など、さまざまな詩人の感慨、詩人の思考内容（考え）もあります。しかし、そうしたものもみな、輝くように明るい小さな靴のイメージのなかへ溶け込んで行きます。

そしてその小さな靴にそそがれる明るい光の光源が、孫へ向けられた祖母、つまり詩人その人の愛情であることは、読む人が自ずと理解するところです。（中略）

詩人がたまたま見た日常の寸景。それが詩人のまなざしによって拾い上げられ、平易なことばで描きだされ、優しい輝きを得て、詩の中心的イメージとして定着しています。

（柴田翔「詩への道しるべ」）

(1) 鑑賞文中の　A　・　B　に入る最も適当な言葉を詩の中からそれぞれ四字で抜き出しなさい。

この詩の中心は最後の一行にあります。その一行で、玄関の片隅に置き忘れられている子供の小さな靴のイメージが、読む人の心に明るく浮かび上がってきます。「花を飾るより」と言われることで、小さな可愛らしい靴のイメージが、美し

〔岩手—改〕

(2) ——線部「詩の中心的イメージ」とは、どのようなイメージですか。最も適当なものを次から一つ選び、記号で答えなさい。

ア 育ち盛りの子どもの無造作に脱ぎ捨てられた靴のイメージ。
イ 大人と比べて元気さが感じられる子どもの靴のイメージ。
ウ 玄関に寂しげに取り残された子どもの靴のイメージ。
エ 祖母の愛情に照らしだされた子どもの靴のイメージ。

〔(1)・(2)各6点×3〕

(1) A　　　　　B
(2)

2 次の短歌を読んで、あとの問いに答えなさい。

A わたり来てひと夜を啼きし青葉木菟二夜は遠く啼きて今日なし

B 春の谷あかるき雨の中にして鶯なけり山のしづけさ

C 二つゐて郭公どりの啼く聞けば谺のごとしかはるがはるに

*青葉木菟＝フクロウの一種。　郭公どり＝カッコウ。

(1) 鳥たちが交互に鳴いて声が響きわたる情景を直喩を用いて表現している短歌をA～Cの中から一つ選び、記号で答えなさい。

(2) 数詞や同じ言葉の繰り返しで、声の様子から鳥の位置を捉えている短歌をA～Cの中から一つ選び、記号で答えなさい。

〔福島—改〕

(1)
(2)

〔(1)・(2)各7点×2〕

3 次の俳句を読んで、あとの問いに答えなさい。

万緑の中や吾子の歯生え初むる

　　　　　　　中村草田男

(1) この句の季語と季節を書きなさい。

(2) この句に込められた心情として、最も適当なものを次から一つ選び、記号で答えなさい。

ア 生まれ育った故郷への思い。
イ 子の成長を喜ぶ親心。
ウ 困難を乗り越えていく勇気。
エ 青春時代へのなつかしさ。

〔滋賀—改〕

重要

(1) 季語　　　　　季節
(2)

解答→別冊 9 ページ

1 次の図の ∠x の大きさを求めなさい。

(1)
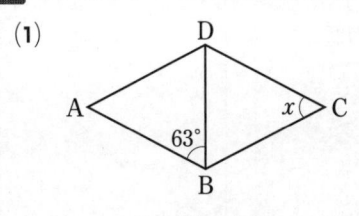
ひし形 ABCD

(2)
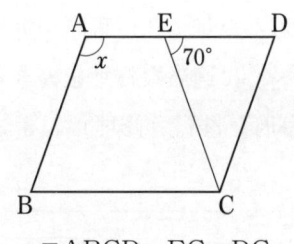
▱ABCD，EC＝DC

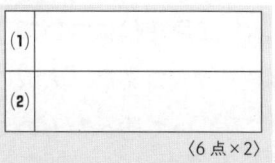
(1)

(2)

〈6 点×2〉

2 右の図は，AB＝4.8 cm，AD＝3 cm の ▱ABCD である。∠A の二等分線が辺 CD と交わる点を E，∠B の二等分線が辺 CD と交わる点を F とする。このとき，線分 EF の長さを求めなさい。〔山形〕

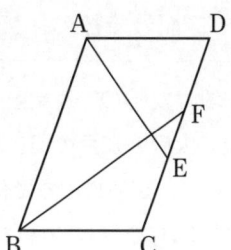

〈8 点〉

重要 **3** 右の図のように，正方形 ABCD があり，辺 CD の中点を M，線分 BM と対角線 AC の交点を P とする。〔千葉〕

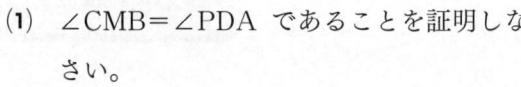

(1) ∠CMB＝∠PDA であることを証明しなさい。

(2) BP：MP＝2：1 で，正方形 ABCD の面積が 144 cm² であるとき，△PCD の面積を求めなさい。

(1)

(2)

〈(1) 8 点，(2) 7 点〉

4 右の図のように，▱ABCD の辺 BC の中点を M とし，AM の延長と DC の延長との交点を E とする。

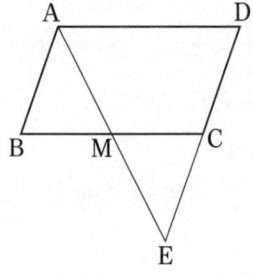

(1) 四角形 ABEC は平行四辺形であることを証明しなさい。

(2) 四角形 ABEC が長方形になるとき，△AED はどんな三角形ですか。

(1)

(2)

〈(1) 8 点，(2) 7 点〉

第7日 社会 近世の日本

時間 25分
合格 40/50点

得点

点

解答→別冊10ページ

1 江戸時代について，次の各問いに答えなさい。

記述 **(1)** 次の文は，大阪の陣で豊臣氏がほろんだ年に江戸幕府が定めた武家諸法度について述べたものである。文中の□□□に適当な言葉を書き入れて文を完成させなさい。ただし，□□□には，「幕府」「城」「修理」の3つの語句を含めること。

> 江戸幕府は，武家諸法度という法律を定め，大名が□□□□□することを禁止した。

(2) 元禄時代の大阪について述べた次の文の①・②の（ ）の中から適当なものを，それぞれ1つずつ選び，記号で答えなさい。

> 大阪では，諸藩が設けた①（**ア** 蔵屋敷　**イ** 銀座）に全国から米や特産物が運びこまれた。また，大阪と江戸の間には，②（**ウ** 朱印船　**エ** 菱垣廻船）と呼ばれる定期船が往復し，江戸に上方で作られた上質な品物が送られた。

(3) 大塩平八郎の乱ののち，天保の改革と呼ばれる政治改革を行った老中□□□□は，江戸，大阪周辺の農村を幕府の領地にしようとしたが，大名や旗本の反対にあい実現しなかった。□□□□にあてはまる人物の氏名を答えなさい。　〔愛媛―改〕

(4) 徳川家康の時代に対馬藩のなかだちによって朝鮮との国交が回復し，その後，将軍の代がわりごとに300〜500人の使節が江戸を訪れるようになった。この朝鮮からの使節を何というか，答えなさい。　〔三重―改〕

(1)	
(2)	①
	②
(3)	
(4)	

〈4点×5〉

Key Points

▶**元禄文化**
上方中心の文化
井原西鶴
松尾芭蕉
尾形光琳　など

▶**化政文化**
江戸の庶民中心の文化
喜多川歌麿
葛飾北斎
歌川広重　　など

2 江戸時代のことについて，次の各問いに答えなさい。

(1) 江戸時代の人形浄瑠璃に関係する人物としてもっとも適切なものを，次の**ア**〜**エ**から1つ選び，記号で答えなさい。
ア 俵屋宗達　**イ** 与謝蕪村
ウ 菱川師宣　**エ** 近松門左衛門

記述 **(2)** 藩を治めていた大名とはどのような武士か，領地に着目して簡潔に書きなさい。

重要 **(3)** 江戸幕府の政治改革について，次の**ア**〜**エ**は，徳川吉宗，田沼意次，松平定信，水野忠邦のそれぞれが行った政治の内容について述べている。これらのできごとを，年代の古い順に並べかえなさい。
ア 公事方御定書という裁判の基準となる法律を整備した。
イ 株仲間の解散を命じた。
ウ 政治を批判する出版物を厳しくとりしまり，朱子学を奨励した。
エ 長崎貿易を盛んにしたり大商人の力を利用したりして，幕府の財政の再建を図った。
〔和歌山―改〕

(1)	
(2)	
(3)	→　　→　　→

〈10点×3〉

第7日 理科　生物のからだのつくりとはたらき

時間 25分　**合格** 40/50点　得点　点

解答→別冊 10 ページ

重要 **1** デンプンに対するだ液のはたらきを調べるために，右の図のように，A〜D の試験管にデンプンの液をそれぞれ 10 cm³ ずつとり，A，C には水でうすめただ液を 2 cm³，B，D には水を 2 cm³ ずつ入れ，A〜D を 40 ℃の湯に 20 分間つけた。その後，A，B にはヨウ素液を入れた。また，C，D にはベネジクト液を入れて加熱した。**次の問いに答えなさい。**〔徳島—改〕

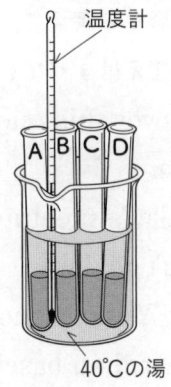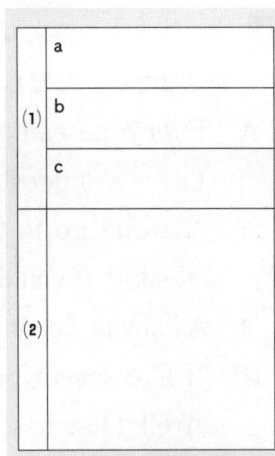

温度計

40℃の湯

(1) 実験の結果を下の表にまとめた。a〜c にあてはまる結果を，次のア〜エからそれぞれ選びなさい。

ア 変化なし
イ 青紫色に変化
ウ 赤褐色に変化
エ 黒色に変化

試験管	A	B	C	D
試 薬	ヨウ素液	ヨウ素液	ベネジクト液	ベネジクト液
結 果	変化なし	a	b	c

記述 (2) 40 ℃の湯につけたのはどうしてか。簡単に説明しなさい。

2 右の表は，ヒトのからだのさまざまな器官についてまとめたものである。**次の問いに答えなさい。**

〔滋賀—改〕

	器官など	関係物質など
（　）	鼻，気管，肺	酸素，二酸化炭素
循環	心臓，血管	血液
消化	口，食道，胃，小腸，大腸	栄養分
排出	じん臓，肝臓，ぼうこう	アンモニア，尿，尿素
神経系	脊髄，脳，目，皮膚	刺激の信号，命令の信号

(1) 表の（　）にあてはまる語を書きなさい。

記述 (2) 肝臓は，排出においてどのようなはたらきをしているか。表の中の語を用いて説明しなさい。

記述 (3) 消化できた物質は，主に小腸で吸収される。小腸が効率よく栄養分を吸収するためにすぐれている理由を「柔毛」と「表面積」という語を用いて説明しなさい。

(4) 「熱いヤカンに触れたとき，思わず手を引っこめる」とき，命令の信号はどの器官で出されるか。表の中の語から選びなさい。

3 次の文は，植物のからだのつくりとはたらきについて述べたものである。□□の(1)〜(3)に当てはまる言葉をそれぞれ書きなさい。〔岐阜—改〕

光合成では，光のエネルギーを使い，二酸化炭素と水を材料として，デンプンなどの養分と酸素がつくられる。植物の根から吸収された水などは，[(1)]を通って茎や葉に運ばれている。一方，光合成によってつくられたデンプンなどは，水に溶けやすい物質に変化してから[(2)]を通って植物のからだ全体に運ばれている。タンポポの茎では，[(1)]や[(2)]などが束になった維管束が周辺部に輪の形に並んでいる。また，陸上の植物の葉では，主に葉の表皮にある[(3)]というすきまを通して気体の出入りを調節している。

解答欄

(1)	a
	b
	c
(2)	

〈(1) 3 点×3，(2) 6 点〉

Key Points

▶**消化酵素**

栄養分は消化酵素のはたらきによってからだに吸収されやすい大きさになる。消化酵素は体温に近い温度でよくはたらく。

(1)	
(2)	
(3)	
(4)	

〈5 点×4〉

Key Points

▶**吸収する器官**

肺は酸素を吸収し，小腸は栄養分を吸収する。効率よく吸収するために，肺胞や柔毛によって表面積を広くしている。

(1)	
(2)	
(3)	

〈5 点×3〉

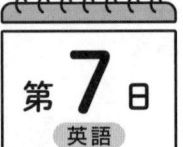

第**7**日　英語　　**内容理解・英作文 ①**

時間 40分　　合格 40／50点　　得点　　　点

解答→別冊 10 ページ

1 次の(1)〜(4)の英文の内容から考えて，文中の（　）の中にそれぞれ最も適当な語を書きなさい。ただし，答えはすべて（　）内に指示された文字で書き始めること。

(1) Everyone can answer this question.　It is not difficult.　It is a very (e　　　) question.

(2) "I won't go to today's meeting because I have to go home early."　"Really?　If you don't go, I won't go, (e　　　)."　〔島根〕

(3) A baby is sleeping.　You must not (r　　　).　Please walk slowly.

(4) "I like soccer better than baseball.　(W　　　) do you like better?"　"Well, I like baseball better."　〔高知〕

(1)	
(2)	
(3)	
(4)	

〈4点×4〉

記述 **2** 次のような場合，あなたは相手に何と言いますか。それぞれ英語で書きなさい。

(1) 今，何時かを尋ねるとき。

(2) 日本で行きたい場所を尋ねるとき。　〔富山〕

(3) 図書館への道を尋ねるとき。　〔埼玉〕

(1)	
(2)	
(3)	

〈8点×3〉

記述 **3** 次のメモは，新しい ALT のブラウン先生(Mr. Brown)について書かれたものである。メモをもとに，ブラウン先生を紹介する英文を 2 文書きなさい。

〈メ　モ〉

年齢：25 歳　　　出身：カナダ

誕生日：3 月　　　趣味：野球観戦

〔沖縄—改〕

〈5点×2〉

Key Points

▶英作文でのポイント

①文頭は大文字で始める。

②文末には必ず普通の文ならピリオド(.)を，疑問文ならクエスチョンマーク(?)をつける。

③動詞は主語の数・人称，時制によって変化させることに注意する。

第8日 国語

古文・漢文

時間 30分　合格 40/50点

得点　点

解答→別冊10ページ

1

次の『宇治拾遺物語』の文章を読んで、あとの問いに答えなさい。[大分—改]

今は昔、隠題をいみじく興ぜさせ給ひける御門の、ひちりきを詠ませられけるに、人々わろく詠みたりけるに、木こる童の、暁、山へ行くとていひける。「この比ひちりきを詠ませさせ給ふなるを、人の詠み給はざるなる、童こそ詠みたれ」といひければ、「などか必ずさまに似る事か」とて、めぐりくる春々ごとに桜花いくたびちりき人に問はばやといひたりける。さまにも似ず、思ひかけずぞ。

*隠題=題として出された物の名を、歌中のほかの語句に隠し詠むこと。
御門=天皇のこと。　ひちりき=雅楽に用いる竹製の縦笛。
木こる童=山の木を切る仕事をする子ども。
人々=天皇の周りにいる人たち。

(1) ――線部①「わろく詠みたりけるに」の現代語訳として最も適当なものを次から一つ選び、記号で答えなさい。
ア 気分よく詠めなかった時に
イ 上手には詠めなかった時に
ウ 下品な言葉で詠んだ時に
エ 悪意を込めて詠んだ時に

(2) ――線部②「おほけな」を現代かなづかいで書きなさい。

(3) ――線部③「思ひかけずぞ」は、「木こる童」のどのような行為に対する言葉か。最も適当なものを次から一つ選び、記号で答えなさい。
ア 自分ならうまく詠めると、強い自信を持って話したこと。
イ 毎年桜が咲いては散ることに感動して、歌を詠んだこと。
ウ 連れ立っていく子どもに気後れせず堂々と反論したこと。
エ 物の名を巧みに詠みこんで、すばらしい歌を作ったこと。

(1)
(2)
(3)

〔(1)(2)各8点×2 (3)9点〕

2

次の漢文を読んで、あとの問いに答えなさい。[群馬—改]

政有二三品一。王者之政化レ之、覇者之政威レ之、彊者之政脅レ之。夫此三者、各有レ所レ施、而化レ之為レ貴矣。（説苑）

*政=政治。　品=等級。　化=徳で教え導くこと。
威=権威で恐れさせること。　脅=脅迫して服従させること。

政に三品有り。王者の政は之を化し、覇者の政は之を威し、彊者の政は之を脅かす。夫れ此の三者、各□、而して之を化するを貴と為す。

(1) ――線部「之」がこの本文中で表す意味として、最も適当なものを次から一つ選び、記号で答えなさい。
ア 人民　イ 家来
ウ 政府　エ 軍隊

(2) □に入る書き下し文を書きなさい。

(3) どの政治が最も優れた等級であると述べているか。書き下し文から抜き出して書きなさい。

(1)
(2)
(3)

〔(1)(2)各8点×2 (3)9点〕

第8日 数学 確率，データの活用

時間 25分
合格 40/50点

得点
点

解答→別冊 11 ページ

重要 **1** 次の問いに答えなさい。

(1) A，B 2つのさいころを同時に投げるとき，出る目の数の和が6の倍数になる確率を求めなさい。〔三重〕

(2) 袋の中に赤玉が3個，白玉が2個入っている。この袋から同時に2個の玉を取り出すとき，少なくとも1個は白玉がふくまれる確率を求めなさい。

(1)	
(2)	

〈7点×2〉

2 図のように，1, 2, 3, 4, 5の数が書かれたカードが1枚ずつ入っている袋がある。この袋からカードを1枚取り出してそのカードの数を a とし，カードを袋にもどさずにカードをもう1枚取り出して，残った3枚のカードの数で最も小さい数を b とする。〔京都〕

(1) $b=3$ となる確率を求めなさい。

(2) $10a+b$ の値が素数になる確率を求めなさい。

(1)	
(2)	

〈7点×2〉

3 下の表は，A中学校とB中学校の3年生全体の1日の睡眠時間を調査し，その結果を度数分布表に整理したものである。〔奈良―改〕

(1) B中学校の6時間以上7時間未満の階級の累積相対度数を求め，小数第3位を四捨五入して答えなさい。

(2) この表から読み取ることができるものを，ア～エからすべて選び，記号で答えなさい。

ア 5時間以上6時間未満の階級の相対度数は，A中学校の方が大きい。

イ 睡眠時間が8時間以上の生徒の人数は，A中学校の方が多い。

ウ 睡眠時間の最頻値(モード)は，B中学校の方が大きい。

エ B中学校の半数以上の生徒が，7時間未満の睡眠時間である。

階級(時間)	度数(人)	
	A中学校	B中学校
以上　　未満		
4 ～ 5	1	7
5 ～ 6	5	5
6 ～ 7	7	25
7 ～ 8	12	31
8 ～ 9	4	3
9 ～ 10	1	2
計	30	73

(1)	
(2)	

〈7点×2〉

重要 **4** 次のア～エの中から，箱ひげ図について述べた文として誤っているものを1つ選び，記号で答えなさい。〔埼玉〕

ア データの中に離れた値がある場合，四分位範囲はその影響を受けにくい。

イ 四分位範囲は第3四分位数から第1四分位数をひいた差である。

ウ 箱の中央は必ず平均値を表している。

エ 第2四分位数と中央値は必ず等しい。

〈8点〉

近現代の日本と世界

時間 25分　合格 40/50点

[　月　　日]

得点　　　点

解答→別冊11ページ

1 次の史料(部分要約)を読んで，あとの各問いに答えなさい。

A 第2条 （ ① ），函館の両港は，アメリカ船の薪水，食料，石炭，欠乏の品を，日本にて調達することに限って，入港を許可する。

B 第4条 日本に対して輸出入する商品は別に定めるとおり，日本政府へ関税を納めること。

C 第1条 清は，朝鮮が独立国であることを認める。
第2条 清は，（ ② ）半島・台湾・澎湖諸島を日本に譲り渡す。
第4条 清は，日本に賠償金2億両を支払う。

D 第2条 ロシアは，韓国での日本の利益と政治指導を認める。
第9条 ロシアは，北緯50度以南の樺太(サハリン)を日本に譲り渡す。

E ・日本国国民をだまし，世界征服をはかった誤りを犯した権力は，永久に取り除くべきである。
・日本国の主権は本州,北海道,九州及び四国とわれらが決定する諸小島に限る。

F 第1条 連合国は，日本国とその領海に対する日本国民の完全な主権を承認する。
第2条 日本国は，朝鮮の独立を承認し，すべての権利を放棄する。

(1) A〜Fの史料の名を次のア〜カから1つずつ選び，記号で答えなさい。
　ア 下関条約　　イ 日米和親条約　　ウ ポーツマス条約
　エ サンフランシスコ平和条約　　オ ポツダム宣言
　カ 日米修好通商条約

重要 (2) 史料中の①・②に適する語句を答えなさい。

(3) 次の①〜⑤は，どの史料と関係が深いか。A〜Fの記号で答えなさい。
　① ペリー来航　　　② ヤルタ会談　　③ 日比谷焼き打ち事件
　④ 日米安全保障条約　　⑤ 三国干渉

記述 (4) Bは日本にとって不利な内容の不平等条約であった。第4条に示されていること以外に日本に不利であった点を簡潔に答えなさい。

(5) Fの条約を結んだときの日本の首席全権であった，右の写真の中央の人物の氏名を答えなさい。

2 次の(1)〜(6)の，ア〜ウのできごとを，古いものから順に並べかえなさい。

(1) ア 満州事変　　イ 太平洋戦争の開始　　ウ 日中戦争の開始
(2) ア 大日本帝国憲法発布　　イ 民撰議院設立の建白書　　ウ 西南戦争
(3) ア 地租改正　　イ 大政奉還　　ウ 安政の大獄
(4) ア フランス革命　　イ ピューリタン革命　　ウ ロシア革命
(5) ア 日中平和友好条約　　イ 東海道新幹線開通　　ウ 沖縄の日本復帰
(6) ア 東日本大震災　　イ アメリカ同時多発テロ　　ウ 阪神・淡路大震災

(1)	A
	B
	C
	D
	E
	F
(2)	①
	②
(3)	①
	②
	③
	④
	⑤
(4)	
(5)	

〈(4)4点，他は2点×14〉

Key Points

▶近代の戦争の年代の覚え方
1894年　日清戦争
　↓（+10）
1904年　日露戦争
　↓（+10）
1914年　第一次世界大戦
　↓（最後の2ケタを逆に）
1941年　太平洋戦争

(1)	→	→
(2)	→	→
(3)	→	→
(4)	→	→
(5)	→	→
(6)	→	→

〈3点×6〉

第8日 理科　天気とその変化

解答→別冊11ページ

1 図1のような手づくりの乾湿計をつくり，教室の湿度を求めた。**次の問いに答えなさい。**

図1
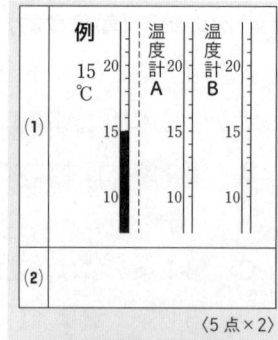

表1　乾湿計用湿度表〔%〕

乾球の読み〔℃〕	乾球と湿球の目盛りの読みの差〔℃〕							
	0	1	2	3	4	5	6	7
20	100	91	81	73	64	56	48	40
18	100	90	80	71	62	53	44	36
16	100	89	79	69	59	50	41	32
14	100	89	78	67	57	46	37	27
12	100	88	76	65	53	43	32	22
10	100	87	74	62	50	38	27	16
8	100	86	72	59	46	33	20	8

(1) 図1の温度計Bのフィルムケースに水を入れ，教室にしばらく置いた後，測定すると気温18℃で湿度62％であった。このときの温度計A，Bの目盛りの読みを表1を使って求め，解答欄の**例**にならってそれぞれ図示しなさい。

(2) 湿度50％の部屋で，図2のように金属製のコップに氷水を入れると，水温が4℃のときにコップの表面がくもり出した。下の表2は，気温〔℃〕と飽和水蒸気量〔g/m³〕との関係を示している。この部屋の温度を求めなさい。

図2
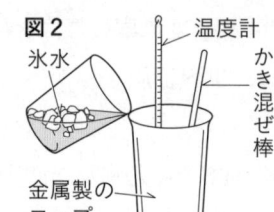

表2

気　温	3	4	5	6	7	8	9	10	11	12	13	14	15	16
飽和水蒸気量	5.9	6.4	6.8	7.3	7.8	8.3	8.8	9.4	10.0	10.7	11.4	12.1	12.8	13.6

重要 2 右の図を見て次の問いに答えなさい。

(1) 図1で，Pの前線を何といいますか。〔宮崎―改〕

記述 (2) 宮崎市の天気は，この後，どのように変化しますか。〔宮崎―改〕

図1
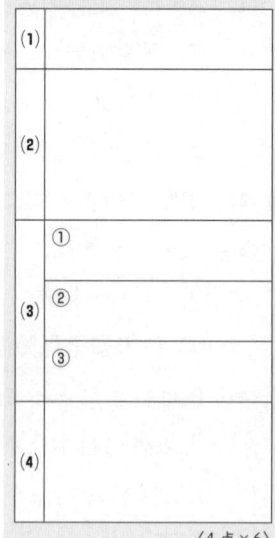

(3) 図2は，X―Y間における前線の断面のようすを，模式的に表したものである。①～③にあてはまるものを「寒気」か「暖気」で答えなさい。〔宮崎―改〕

記述 (4) 大気圧について，密閉された菓子袋を持って高い山を登ると，菓子袋はどうなるか，簡潔に書きなさい。〔北海道―改〕

図2
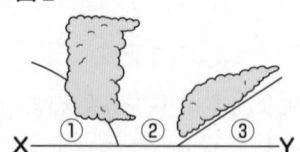

重要 3 次の問いに答えなさい。

(1) 「北西の風，風力2，晴れ」を天気図に使われる記号を用いて表しなさい。

(2) 右の図の**ア～ウ**は，「強い雨と風をともなった前線」が通過したある地点の気温，湿度，気圧の記録である。

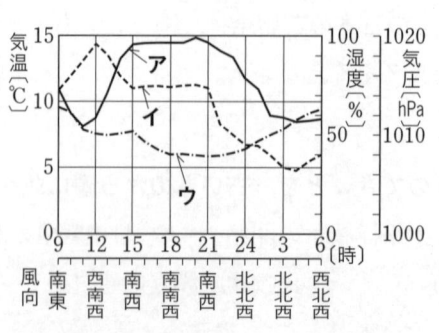

① 気温のグラフは**ア～ウ**のどれですか。

② この前線の通過は何時ごろ始まったか。次の**ア～エ**から選びなさい。

　　ア 12時　　**イ** 15時　　**ウ** 18時　　**エ** 21時

③ この前線の記号をかきなさい。

例
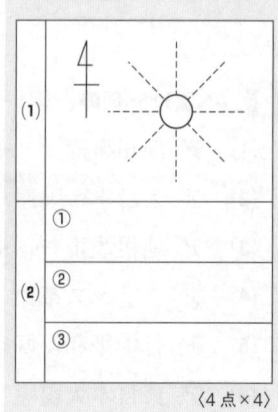

(1)

(2)

〈5点×2〉

Key Points

► 湿度の求め方

湿度(%) ＝ 露点での飽和水蒸気量 / その気温での飽和水蒸気量 ×100

※露点は，図2のようにして，氷水を入れたコップの表面がくもり始める温度から，確認できる。

(1)

(2)

(3) ①

②

③

(4)

〈4点×6〉

(1)

(2) ①

②

③

〈4点×4〉

内容理解・英作文 ②

時間 40分
合格 40 / 50点

得点

点

解答→別冊11ページ

記述 **1** 次の日本文をそれぞれ英語で書きなさい。ただし，指定された語を使い，指定された語数で書くこと。

(1) 私たちはそのとき，夕食を食べていました。(dinner／5語)

(2) 別のかばんを見せてもらえますか。(you／6語)

(3) 私は今日，何もすべきことがありません。(have／6語)

(4) オーストラリアでは英語が話されています。(in／5語)

(5) あなたは魚の料理のしかたを知っていますか。(to／7語)

(1)	
(2)	
(3)	
(4)	
(5)	

〈5点×5〉

記述 **2** 次の英文は，あなたが友人のマイク(Mike)からもらったメールの一部である。マイクの質問に対するあなたの答えを英語30語以上で書きなさい。符号(,.!?など)は，語数には含まないものとする。〔茨城〕

【あなたがマイクからもらったメールの一部】

I am doing my homework and I have to write about "the most important thing in my life." For example, my father said that friendship is the most important in his life because he and one of his friends often helped each other when they *were in trouble. The most important thing in my life is my watch. My grandfather gave it to me when I entered junior high school. Now, I am more interested in this *topic and I want to know about other people's important things. What is the most important thing in your life? Why do you think so?

注 be in trouble 困っている　　topic 話題，トピック

〈25点〉

2 次の文章を読んで、あとの問いに答えなさい。〔福岡—改〕

> 小学校五年生の少年は、バスで入院した母のお見舞いに行っている。最初に買った回数券二冊は使い切り、そのあと三冊買った。

　買い足した回数券の三冊目が——もうすぐ終わる。

　最後から二枚目の回数券を——今日、使った。あとは表紙を兼ねた十一枚目の券だけだ。

　明日からお小遣いでバスに乗ることにした。毎月のお小遣いは千円だから、あとしばらくはだいじょうぶだろう。

　ところが、迎えに来てくれるはずの父から、病院のナースステーションに電話が入った。

　「今日はどうしても抜けられない仕事が入っちゃったから、一人でバスで帰って、って」

　看護師さんから伝言を聞くと、泣きだしそうになってしまった。回数券を使わなければ、家に帰れない。

　母の前では涙をこらえた。病院前のバス停のベンチに座っているときも、必死に唇を噛んで我慢した。

　【A】でも、バスに乗り込み、最初は混み合っていた車内が少しずつ空いてくると、急に悲しみが胸に込み上げてきた。今日は財布を持って来ていない。

　【B】座ったままうずくまるような格好で泣いた。バスの重いエンジンの音に紛らせて、うめき声を漏らしながら泣きじゃくった。【C】

　【D】顔を上げると、他の客は誰もいなかった。

　『本町一丁目』が近づいてきた。降車ボタンを押して、手の甲で涙をぬぐいながら席を立ち、ポケットから回数券の最後の一枚を取り出した。【E】（中略）

　整理券を運賃箱に先に入れ、回数券をつづけて入れようとしたとき、とうとう泣き声が出てしまった。

　「どうした?」と河野さんが訊いた。「なんで泣いてるの?」——ぶっきらぼうではない言い方をされたのは初めてだったから、逆に涙が止まらなくなってしまった。

　「財布、落としちゃったのか?」

　泣きながらかぶりを振って、回数券を見せた。

　河野さんは「どうした?」ともう一度訊いた。その声にすうっと手を引かれるように、少年は嗚咽交じりに、回数券を使いたくないんだと伝えた。母のこともしゃべった。新しい回数券を買うと、そのぶん、母の退院の日が遠ざかってしまう。ごめんなさい、ごめんなさい、と手の甲で目元を覆った。この回数券、ぼくにください、と言った。

（重松清「バスに乗って」）

＊回数券＝乗車券の何回分かをとじ合わせたもの。ここでは、十回分の値段で乗車券の十一回分をとじ合わせた冊子。　河野さん＝バスの運転手。　かぶりを振って＝否定の意を示して。

(1) —線部①「表紙を兼ねた十一枚目の券」とあるが、これを言い換えた言葉を文章中から九字で抜き出しなさい。

(2) —線部②「必死に唇を噛んで我慢した」を単語に区切るといくつに分かれるか。漢数字で答えなさい。

(3) 次の一文が入る最も適当な場所を、本文中の【A】～【E】から一つ選び、記号で答えなさい。
　窓から見えるきれいな真ん丸の月が、じわじわとにじみ、揺れはじめた。

(4) —線部「明日からお小遣いでバスに乗ることにした」とあるが、それはなぜか。「母」という言葉を使い、「……と思ったから。」に続くように二十字以内で答えなさい。

記述

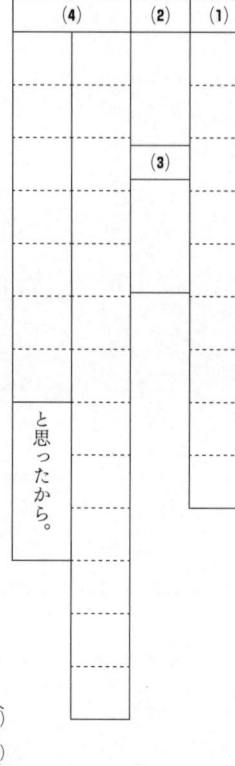

(4)	(2)	(1)
	(3)	
と思ったから。		

〈(1)～(3)各10点×3　(4)20点〉

第9日 国語

予想問題 ①

[月 日]
時間 50分
合格 80/100点
得点 点

解答→別冊12ページ

第1日 第2日 第3日 第4日 第5日 第6日 第7日 第8日 第9日 第10日

1 次の文章を読んで、あとの問いに答えなさい。[大阪—改]

① カサスゲが笠の材料として適しているのには理由がある。

カサスゲはカヤツリグサ科の植物である。カヤツリグサ科の植物の多くは茎の断面が三角形をしている。ふつうの植物は茎の断面が丸いので、どの方向からの力に耐えることができる。ところが、丸い茎をしならせることによって外部からの力に耐えるのである。ところが、三角形の茎はしなりにくいが、そのかわり頑丈である。三角形は、もっとも少ない数の辺で作られているので、同じ断面積であれば、外からの力に対してもっとも頑丈な構造になっている。鉄橋や鉄塔が三角形を基本とした構造をしているのもそのためである。そのうえ、カヤツリグサは三角形の茎の外側を強靭な繊維でしっかりと覆って、頑丈さを補っている。カサスゲのこの丈夫な繊維が、笠を編む材料として非常に適している。紙の原料植物として「ペーパー」(Paper)の語源にもなったパピルス(Papyrus)も、カヤツリグサ科の植物である。パピルスも茎を補強する豊富な繊維が紙の原料として優れていた。(中略)

【丸い茎は中心からの距離がどの方向にも等しいので、一定の圧力で隅々の細胞まで水を行き渡らせることができる。ところが、三角形の茎では中心からの距離がまちまちになってしまうために、隅の細胞までは水が届きにくい。そのため、カヤツリグサ科の植物の多くは、水が潤沢な湿った場所を好んで生えている。もちろん、カサスゲも例外ではない。】

それにしてもプラスチックや化学繊維がなかった時代とはいえ、植物の茎で雨具を作るというのは、何とも粗末な感じがするが、そもそも植物の茎で作った笠で、②本当に雨を避けることができるのだろうか。しかし、ぬれるのは笠の外側だけである。一度ぬれてしまえば、雨のしずくは、ぬれた茎を伝って笠の外へ流れ落ちる。そのため、雨水が中までしみ込むことは少ないのである。これは茅葺き屋根やわらで作った蓑なども同じしくみである。

(稲垣栄洋「残しておきたいふるさとの野草」)

(1) ——線部①「カサスゲが……理由がある」とあるが、その理由として最も適当なものを次から一つ選び、記号で答えなさい。

ア カサスゲはどの方向にも曲がり、よくしなるから。

イ カサスゲの茎は頑丈であり、繊維が丈夫になるから。

ウ カサスゲは繊維が豊富であり、紙の原料にもなるから。

エ カサスゲは手軽に栽培でき、季節を問わず豊富であるから。

(2) 【 】で述べられている多くのカヤツリグサ科の植物の茎の特徴として最も適当な図を次から一つ選び、記号で答えなさい。

ア
全体に水が行き渡る

イ
全体に水が行き渡る

ウ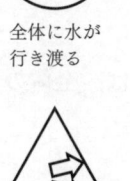
水が届きにくい

エ
水が届きにくい

(3) ——線部②「本当に……できるのだろうか」とあるが、カサスゲの茎のどのような点が優れているのか。これについて説明した次の文の A ・ B に入る言葉を、文中からそれぞれ抜き出しなさい。 A は四字、 B は十字でそれぞれ文中から抜き出しなさい。

カサスゲの茎で作った笠は、一度ぬれると、雨水は A を伝って笠の外に落ちるため、笠の内側まで B という点。

(3)		(1)
B	A	(2)

(1)・(2)各10点×2　(3)各15点×2

第 **9** 日　数学

予想問題 ①

時間 50 分
合格 80 /100点
得点

点

解答→別冊 12 ページ

1 次の計算をしなさい。

(1) $2-(-3)^2\div 9$

(2) $\dfrac{7}{40}\div 0.5+(4-0.75)\div 5$

(3) $(-4a)^2\times\dfrac{1}{4}b\div 2ab$

(4) $\dfrac{5x-2y}{4}-\dfrac{2x-y}{6}$

(1)	
(2)	
(3)	
(4)	

〈5 点×4〉

2 次の問いに答えなさい。

(1) 方程式 $5x+6y=-2x+\dfrac{4}{3}y=8$ を解きなさい。

(2) a を定数とする。3 つの直線 $y=4x+6$, $y=-2x+12$, $y=ax+3$ が 1 点で交わるときの a の値を求めなさい。

(3) 右の図で, $\ell/\!/m$ のとき, $\angle x$, $\angle y$ の大きさをそれぞれ求めなさい。

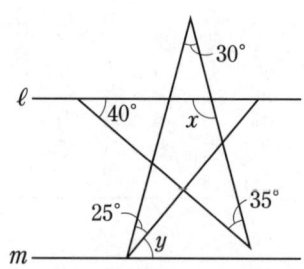

(4) 右の図は, △ABC を, 頂点 A が辺 BC 上の点 F に重なるように, 線分 DE を折り目として折ったものである。DE$/\!/$BC, $\angle$DFE$=72°$, $\angle$ECF$=67°$ であるとき, $\angle$BDF の大きさを求めなさい。

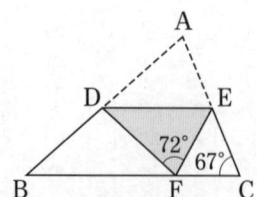

(1)	
(2)	
(3)	$\angle x$
	$\angle y$
(4)	

〈5 点×5〉

Key Points

► **三角形の角の性質**
・ **内角**の和は $180°$
・ **外角**はそれととなり合わない 2 つの内角の和に等しい。

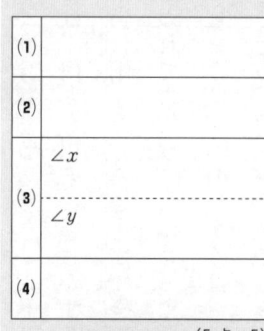

3 右の度数分布表は, ある学級の生徒が日曜日に新聞を読んだ時間を表したものである。

(1) 新聞を読んだ時間が 40 分未満である生徒は, 全体の何 % にあたりますか。

(2) 20 分以上 30 分未満の累積相対度数が 0.65 であるとき, 表中の x, y の値を求めなさい。

(3) (2)のとき, ある学級の生徒が日曜日に新聞を読んだ時間の平均値を求めなさい。

階級(分)	度数(人)
以上　　未満 0 ～ 10	5
10 ～ 20	x
20 ～ 30	15
30 ～ 40	y
40 ～ 50	4
50 ～ 60	2
計	40

(1)	
(2)	x
	y
(3)	

〈4 点×4〉

Key Points

► 相対度数は,
$$\dfrac{\text{各階級の度数}}{\text{度数の合計}}$$

► 平均値は,
$$\dfrac{(\text{階級値×度数}) \text{の合計}}{\text{度数の合計}}$$

4 右の図で，四角形 ABCD は，∠ABC＝124° の平行四辺形であり，△BEC は ∠CBE＝90° の直角二等辺三角形であり，△DCF は ∠FDC＝90° の直角二等辺三角形である。頂点 A と頂点 E，頂点 A と頂点 F をそれぞれ結ぶとき，次の問いに答えなさい。

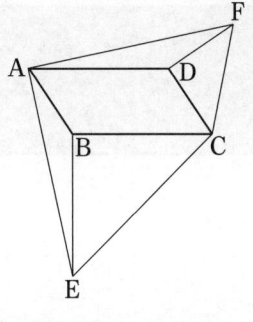

(1) △BAE≡△DFA であることを証明しなさい。

(2) ∠EAF の大きさは何度ですか。

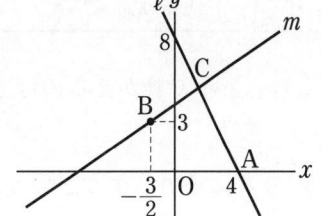

〈(1) 8 点, (2) 5 点〉

5 右の図のように，点 A(4, 0) と点 (0, 8) を通る直線を ℓ，点 B$\left(-\dfrac{3}{2},\ 3\right)$ を通り，傾きが $\dfrac{2}{3}$ である直線を m とする。また，ℓ と m との交点を C とする。

(1) 直線 m の式を求めなさい。

(2) 点 C の座標を求めなさい。

(3) 四角形 OACB の面積を求めなさい。ただし，座標軸の 1 目盛りを 1 cm とする。

(4) O を出発点として，四角形 OACB の周上を O→A→C→B の順に O から B まで動く点を P とする。△OPB の面積が四角形 OACB の面積の $\dfrac{1}{4}$ になるときの P の座標をすべて求めなさい。

(1)	
(2)	
(3)	
(4)	

〈4 点×4〉

Key Points

▶ 平行線と面積

2 直線 ℓ, m が平行のとき，

△OAB＝△OCB

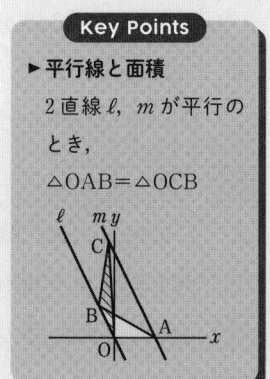

6 東西に延びている線路があり，途中には長さ 800 m のトンネルがある。毎日同じころに，貨物列車が西から東へ一定の速さで通るので，A さん，B さん，C さんは，列車の速さと長さを知りたいと考えた。3 人が右上の図のそれぞれの場所で調べた内容と結果は，右の表のとおりである。この結果をもとに，貨物列車の速さを毎秒 x m，長さを y m として方程式をつくり，列車の速さと長さを求めなさい。

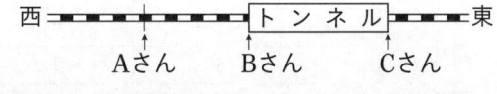

	調べた内容	結　果
A さん	列車の先端から最後尾までが目の前を通過するのに要した時間	12 秒間
B さん	列車の最後尾がトンネルに入った時刻	午後 4 時 1 分 45 秒
C さん	列車の先端がトンネルから出た時刻	午後 4 時 2 分 53 秒

方程式

- - - - - - -

速さ

長さ

〈完答 10 点〉

47

1 次の略地図を見て，あとの各問いに答えなさい。

(1) Y 地点の緯度と経度を次の X の例にならって答えなさい。

(X 地点)
北緯 20 度
東経 160 度

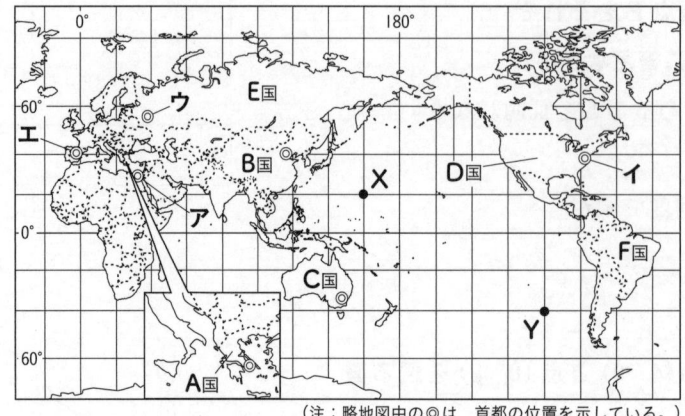

(注：略地図中の◎は，首都の位置を示している。)

(2) A〜D の国の首都のうち，2030 年 4 月 1 日の午前 0 時をもっとも早くむかえるのはどの国の首都か，その国の記号で答えなさい。

記述 (3) 日本の国の位置を A 国の人に説明しようと思う。「日本は，A 国とほぼ同じ緯度にあって，」に続けて大陸名と海洋名を使って説明しなさい。

(4) 右の表の①に適する国を図中 A〜D から選び，記号で答えなさい。

表　日本から各国への訪問者数　（単位　人）

	2015 年	2016 年	2017 年	2018 年
①	2497657	2587440	2680033	2689662
②	3792997	3603786	3595607	3493313
③	341990	417880	434500	469230

（日本政府観光局）

記述 (5) 右の雨温図は，略地図中のア〜エのいずれかの都市のものである。適する都市をア〜エの中から 1 つ選び，記号で答えなさい。また，その都市を選んだ理由も簡潔に答えなさい。

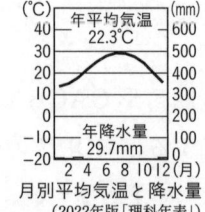

月別平均気温と降水量
（2022 年版「理科年表」）

(6) 右の表は，小麦・羊毛・コーヒー豆・米のそれぞれの輸出量が 1 位から 4 位までの国を示したもので，表中の C〜F は略地図中の国と

	1 位	2 位	3 位	4 位
①	F	ベトナム	コロンビア	ホンジュラス
②	E	D	カナダ	フランス
③	C	ニュージーランド	南アフリカ共和国	イギリス
④	インド	タイ	ベトナム	パキスタン

（2019 年）　　（2021/22 年版「世界国勢図会」）

同じである。①〜④に適する品目をそれぞれ答えなさい。

記述 **2** 次の表は，関東地方・中部地方の各都県の工業出荷額をまとめたものである。これをもとに，右の解答欄の分布図の未完成部分を完成させなさい。また，完成した分布図と表を見て，出荷額が 10 兆円以上の都県がどこに多く分布しているか，「製品の輸送」という語句を必ず用いて，簡潔に説明しなさい。

都県名	茨　城	栃　木	群　馬	埼　玉	東　京	千　葉	神奈川	山　梨
工業出荷額（兆円）	12.64	9.01	9.05	13.95	7.42	12.58	17.87	2.50
都県名	新　潟	富　山	石　川	福　井	長　野	静　岡	愛　知	岐　阜
工業出荷額（兆円）	5.01	3.94	3.05	2.29	6.22	17.27	48.19	5.99

〈2019 年〉　　（2022 年版「データでみる県勢」）

（1）

（2）

（3）

（4）

記号

理由
（5）

①
②
（6）
③
④

〈(1) 5 点，(3) 7 点，他は 3 点×8〉

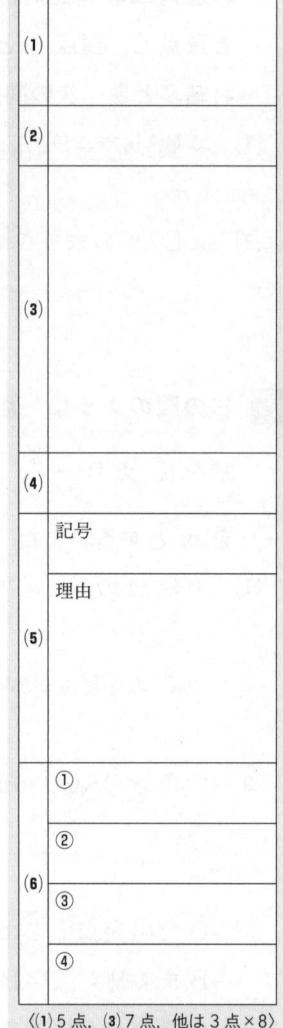

15兆円以上
10兆円以上15兆円未満
5兆円以上10兆円未満
5兆円未満

〈7 点×2〉

3 次の略年表を見て，あとの各問いに答えなさい。

(1) 下線部Ⅰについて，倭の奴国の王が，後漢の皇帝（こうてい）から授（さず）けられ，江戸時代に志賀島（しかのしま）で発見されたものを答えなさい。

(2) 下線部Ⅱについて，イスラム教の教えを記したものを，次の**ア〜エ**から１つ選び，記号で答えなさい。

ア 仏典　　**イ** コーラン
ウ 聖書　　**エ** ヴェーダ

（重要）(3) 下線部Ⅲのころのできごととしてもっとも適当なものを次の**ア〜エ**から１つ選び，記号で答えなさい。
ア 遣隋使（けんずいし）が，留学生や僧をともなって中国へ渡（わた）った。
イ 唐（とう）にならって，和同開珎（わどうかいちん（ほう））と呼ばれる貨幣（かへい）が発行された。
ウ 坂上田村麻呂（さかのうえのたむらまろ）が征夷大将軍（せいいたいしょうぐん）に任じられた。
エ 平清盛（たいらのきよもり）が太政大臣（だいじょうだいじん）となった。

日本のできごと	年	世界のできごと
Ⅰ倭の奴国の王が後漢に使いを送る	57	
	610	Ⅱムハンマドがイスラム教を開く
Ⅲ大宝律令がつくられる	701	
	1488	Ⅳポルトガル人が喜望峰に到達する
Ⅴ長篠の戦いがおこる	1575	
Ⅵ徳川家康が幕府を開く	1603	
	1765	Ⅶ蒸気機関が実用化される

(4) 下線部Ⅳと同じころ，スペインの援助（えんじょ）を得て大西洋を横断し，カリブ海の島に到達したイタリア人の名を答えなさい。

(5) 下線部Ⅴについて，右の図はそのときの戦いのようすを描（えが）いたものである。この戦いで争った大名の組み合わせとして適するものを，次の**ア〜エ**から１つ選び，記号で答えなさい。

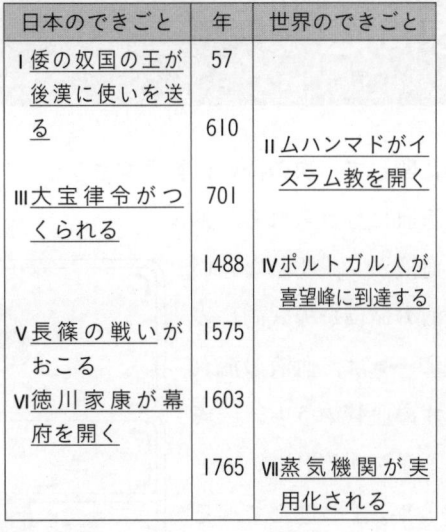

ア 織田氏（おだ）―武田氏（たけだ）　**イ** 織田氏―今川氏
ウ 上杉氏（うえすぎ）―武田氏　**エ** 上杉氏―今川氏

(6) 下線部Ⅵの幕府について，次の各問いに答えなさい。
① この幕府において，老中の補佐（ほさ）を担当した役職を，右の**図**の**ア〜エ**から１つ選び，記号で答えなさい。
② 武家諸法度（はっと）の中で，大名に対して，定期的に江戸と領地を往復させるように命じた制度の名前を答えなさい。
③ 次の**A・B**を説明した文を，あとの**ア〜エ**から１つずつ選び，記号で答えなさい。

　A 元禄文化（げんろく）　**B** 化政文化
　ア 狩野永徳（かのうえいとく）の唐獅子図屏風（からじしずびょうぶ）など力強く豪華（ごうか）な作品が多い。
　イ 代表作として喜多川歌麿（きたがわうたまろ）の美人画や，歌川広重（うたがわひろしげ）の風景画がある。
　ウ 書院造（しょいんづくり）に代表される武家をにない手とする簡素（かんそ）で気品のある文化である。
　エ 京都や大阪といった上方の町人をにない手とした文化である。

図　江戸幕府の主なしくみ

（記述）(7) 下線部Ⅶのことは産業革命に大きな影響（えいきょう）をあたえたが，それはどのようなことか。「工場」「大量生産」「鉄道」の３つの語句を必ず用いて説明しなさい。

(1)	
(2)	
(3)	
(4)	
(5)	
(6)	①
	②
	③ A
	B
(7)	

〈5点×10〉

Key Points

▶鎌倉幕府の主なしくみ

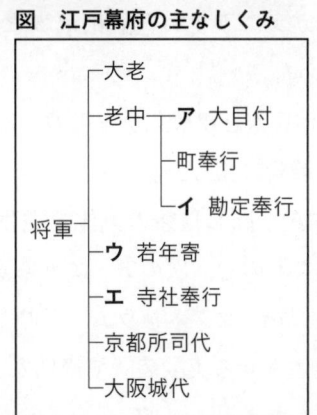

▶室町幕府の主なしくみ

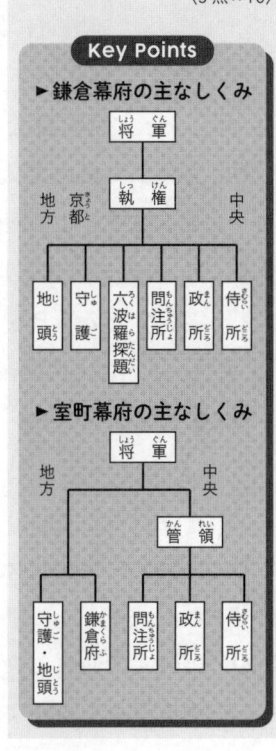

49

第 **9** 日
理科

予想問題 ①

時間 50分
合格 80/100点

得点

点

解答→別冊 13 ページ

---

1 ヒトの血液とその循環（じゅんかん）に関して，次の問いに答えなさい。

記述 (1) 血液は，動脈血と静脈血に分けられる。動脈血とはどのような血液か，説明しなさい。

記述 (2) 右の図は，ヒトの血液の循環を模式的に表したものである。矢印➡は，血液の流れを示している。**ア～オ**の血管のうち，尿素を最も多く含（ふく）んでいる血液が流れていると考えられる血管はどれか。1つ選んで，その記号を書きなさい。また，その理由を書きなさい。

(3) 動脈と静脈は毛細血管でつながっている。毛細血管の壁（かべ）は，非常にうすく，血液の中の液体の一部がしみ出して，細胞をひたしている。この細胞をひたしている液を何というか，書きなさい。また，この液は細胞に何を渡すか，2つ書きなさい。

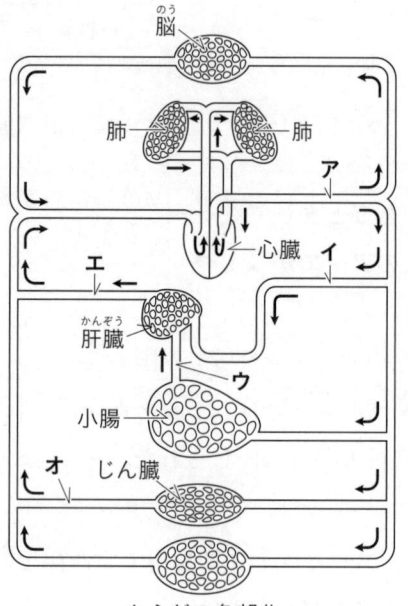

脳（のう）
肺　　　肺
ア
心臓
エ
肝臓（かんぞう）
ウ
小腸
オ　じん臓
からだの各部分

(1)	
(2)	記号
	理由
(3)	名称
	渡すもの

〈5点×5〉

Key Points

▶血液の成分

①**赤血球**…ヘモグロビンが酸素と結びつき，からだ中に運ぶ。

②**白血球**…体内に侵入（しんにゅう）した細菌（さいきん）を分解する。

③**血小板**…傷口に集まり，出血を止める。

④**血しょう**…養分や二酸化炭素を運ぶ。

重要 **2** 4種類の気体 A，B，C，D を集めるために，次の実験1～4を行った。**このことについて，下の(1)～(4)の問いに答えなさい。**

〔実験1〕 炭酸水素ナトリウムを加熱して，発生した気体 A を試験管に集めた。

〔実験2〕 亜鉛（あえん）にうすい塩酸を加えて，発生した気体 B を試験管に集めた。

〔実験3〕 二酸化マンガンにうすい過酸化水素水を加えて，発生した気体 C を試験管に集めた。

〔実験4〕 塩化アンモニウムと水酸化ナトリウムの混合物に水を加え，発生した気体 D を試験管に集めた。

(1) 実験1で集めた気体 A と同じ種類の気体を発生させるために，塩酸と反応させる物質として適切なものを，次の**ア～エ**から選びなさい。

　　ア スチールウール　　**イ** マグネシウム　　**ウ** 貝殻（かいがら）　　**エ** アルミニウム

(2) 実験2で気体 B を発生させる実験装置で適切なものを**ア～エ**から選びなさい。

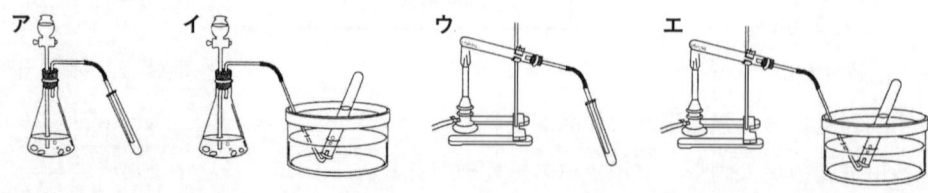

ア　　　　イ　　　　ウ　　　　エ

記述 (3) 実験3で集めた気体 C の試験管に，火のついた線香を入れるとどうなりますか。

記述 (4) 実験4で発生した気体 D の集め方を何というか。また，そのような集め方をする理由を書きなさい。

(1)	
(2)	
(3)	
(4)	集め方
	理由

〈5点×5〉

Key Points

▶アンモニアの発生方法

・塩化アンモニウムと水酸化ナトリウムを混ぜて水を加える。

・塩化アンモニウムと水酸化カルシウムを混ぜて加熱する。

3 抵抗の値が20Ωの抵抗Rと，電圧10Vの電源Eがある。これらを使って図1のような回路をつくった。**次の問いに答えなさい。**

図1
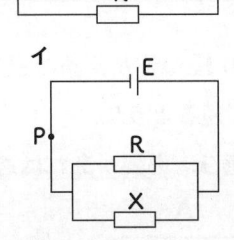

(1) 図1で，P点を流れる電流の大きさは何Aですか。

(2) 図1の回路に，さらに別の抵抗Xを1つ接続して，下の①，②の回路をつくりたい。その場合，右図のア，イのどちらの回路が適当か。また，そのときの抵抗Xの値は何Ωか。①，②のそれぞれについて答えなさい。

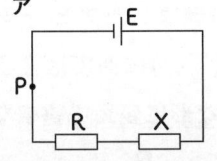

> ① P点を流れる電流の大きさが1.5Aになる回路
> ② 抵抗Rの両端の電圧の大きさが2Vになる回路

4 図1は，ある地域の地形を等高線で表した図である。A地点とB地点で地表から深さ25mまでの地下のようすを調べ，**図2**のように柱状図で表した。**次の問いに答えなさい。** ただし，この地域では地層は水平に広がり，各層の厚さは変化しないものとする。

図1
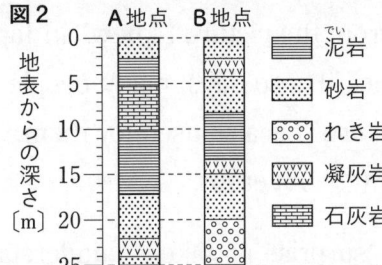

図2

(1) 図1のX地点における地表から深さ25mまでの地下のようすはどのようになっていると考えられるか。右のア〜エから1つ選びなさい。

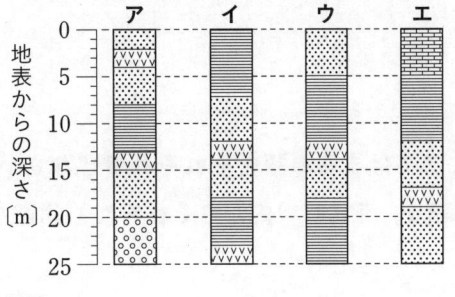

(2) 凝灰岩が地表で見られると考えられる地点を図1のa〜dから1つ選びなさい。

記述 (3) 図2のB地点の柱状図に見られるれき岩の層の中に，2種類の火成岩のれきがあった。図3はそれらの断面をスケッチしたものである。ⓐ，ⓑの岩石のつくりの違いを書きなさい。

図3
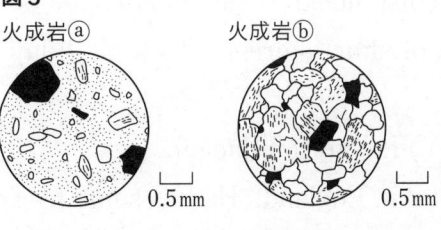

火成岩ⓐ　　　　火成岩ⓑ

5 モノコードの弦をはじいたときに出る音を，コンピュータとマイクを用いて観察したところ，右の図のような記録が得られた。図の横軸は時間〔秒〕，縦軸は振幅を表している。A〜Dのうち，**同じ高さの音を示しているのはどれとどれですか。**

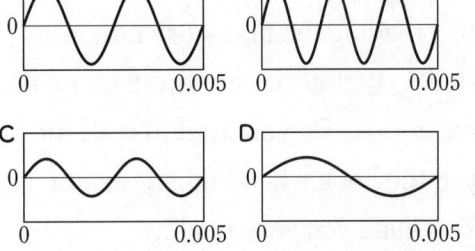

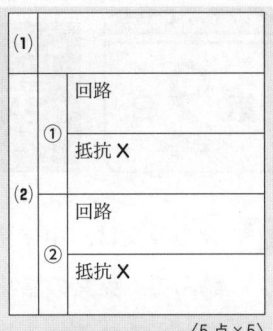
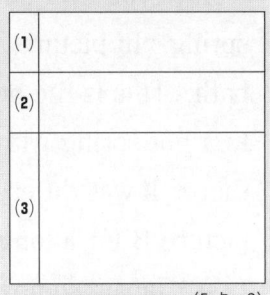

[　月　　日]

時間 50分
合格 80/100点

得点

点

解答→別冊 14 ページ

重要 **1** 次の英文は，中学生の **Kenji** が英語の授業で発表したスピーチである。これを読んで，英文の意味が通るように，（ ① ）～（ ⑤ ）にあてはまる単語を下の〔 　〕内からそれぞれ 1 語選び，必要があれば適切な形に変えて書きなさい。〔群馬〕

①	
②	
③	
④	
⑤	

〈5 点×5〉

A　　　　　　　　　　　B

Have you ever seen these pictures? Both A and B are pictures of a *hot spring. In picture A, what are the three people doing? They are (①) a bath. This is the new picture that shows a hot spring. Last week, I (②) to a hot spring with my family. We were (③) when we found picture A there. It was different from the picture I knew. In Japan, people have used picture B for a long time. These days, many people from other countries (④) Japan, so now picture A is also used for them. They say picture A is better because they can (⑤) it easily.　　　　注 hot spring 温泉

〔give　go　look　surprise　take　understand　visit〕

2 次の（ ① ），（ ② ）にあてはまる単語をそれぞれ書きなさい。また，□ A □ ～ □ D □ にあてはまる単語を，下の〔 　〕内からそれぞれ 1 語選んで書きなさい。

〔群馬―改〕

①	
②	
A	
B	
C	
D	

〈5 点×6〉

Mike : You have an English book! What kind of book is it?

Junko : This is a book of short stories. It's a birthday present from my brother.

Mike : Oh, really! (①) he buy it in Japan?

Junko : No. He bought it in England. He has some friends in London. He went there (②) see them last week.

Mike : I see. Is the book □ A □?

Junko : Yes, it is. I □ B □ reading the first story now.

Mike : That's good. How □ C □ stories are there in the book?

Junko : There are seven stories. Do you want to read the book?

　　　　Shall I □ D □ you the book when I finish reading it?

Mike : Oh, yes, please. Thank you very much.

〔am, call, enjoying, interesting, lend, many, much, was〕

3 次の「SDGs(Sustainable Development Goals：持続可能な開発目標)」についての英文を読み，あとの問いに答えなさい。

SDGs
A Better Life for Everyone with 17 Goals

SDGs
Sustainable Development Goals

1 2 3 4 5 6 7 8 9
10 11 12 13 14 15 16 17

※この図はイメージで，中の文字を読む必要はありません。

There are a lot of problems on the earth. Some of them are very big and serious. World leaders decided to set 17 goals in 2015 and we should realize these goals before 2030. We must think about what we can do to solve the problems. We also need to work together.　　　　　　　　　　注　what we can do 私たちができること

本文の内容に合うように，次の質問に 3 語以上の英文で答えなさい。〔滋賀—改〕

(1) Do we have a lot of problems on the earth?

(2) When were the goals set?

(1)	
(2)	

〈10 点×2〉

---

4 次の(1)～(5)は対話文である。それぞれの対話文の(　)の中に最も適当な語を入れなさい。ただし，答えはすべて(　)内に指示された文字で書き始めること。

(1) A: Do you know how many children Mr. Smith has?
　　B: Yes, I do. He has three. He has two (d　　　) and a son.

(2) A: What are you going to do (d　　　) your spring vacation?
　　B: I'm going to visit a zoo in Asahikawa.

(3) A: How do you say the second month of the year in English?
　　B: We say "(F　　　)".

(4) A: Please help me if you are not busy.
　　B: Sure. I have (n　　　) to do now.

(5) A: How about that black bag?
　　B: Well, I don't like the (c　　　).
　　　I want a red one.

(1)	
(2)	
(3)	
(4)	
(5)	

〈5 点×5〉

右ページ

(6) ──線部③「つつましい」の意味として最も適当なものを次から一つ選び、記号で答えなさい。

ア 明るくにぎやかな　イ 静かで心細げな

ウ 豪華でぜいたくな　エ 控え目で質素な

重要

(7) 本文に書かれていることと内容が一致するものを次から一つ選び、記号で答えなさい。

ア 筆者の行くレストランでは割り箸の用意はなかったが、気楽に食事を楽しめた。

イ 三度の食事で発揮される箸の機能には、どんな食物にも対応できる頼もしさがある。

ウ 和服姿や純日本建築が珍しくなるとともに、箸を備えた家庭はとても少なくなった。

エ 筆者は気持ちが屈している時でも、箸の持ち方や箸運びはしっかりしている。

(1)						(2)
ⓐ		ⓑ	んだり	び		

(4)	(5)	(6)	(7)	(3)

〈(1)各3点×2　(2)〜(6)各8点×5　(7)10点〉

---

2 次の文章を読んで、あとの問いに答えなさい。

　①まことや、この一条天皇の時代に、一つの不思議ありける。上東門院の御方の御帳の内に、犬の子を生みたりける、②思ひかけぬありがたきこととなりけれども、③おほきにおどろかせたまひて、江匡衡という博士に問はれければ、「これ、めでたき御吉事なり。犬の字は、大の字のそばに点をつけり。その点を上につけば、天なり。下につけば、太なり。子の字を書きつづくれば、天子とも、太子とも読まるべし。かかれば、　Ａ　生れさせたまひて、　Ｂ　にいたらせたまふべし」とぞ申しける。

　そののち、はたして皇子御誕生ありて、ほどなく位につきたまふ。後一条天皇、これなり。匡衡、風月の才に富めるのみならず、かかる心ばせども深かりけり。

（「十訓抄」）

*上東門院の御方＝一条天皇の后、藤原彰子。

*江匡衡＝大江匡衡。平安時代の学者。　*御帳＝貴人の居所・寝所。　*風月の才＝詩歌の才能。

(1) ──線部①「犬の子を生みたりける」を匡衡はどのようなこととととらえているか。会話文の中から五字以上十字以内で抜き出して書きなさい。

(2) ──線部②「思ひかけぬありがたきこと」の意味として最も適当なものを次から一つ選び、記号で答えなさい。

ア 予想もしない珍しいできごと

イ 予定していたよろこばしいできごと

ウ 忘れられない感謝すべきできごと

エ 期待していためったにないできごと

(3) ──線部③「おほきにおどろかせたまひて」を現代かなづかいに直して書きなさい。

(4) 　Ａ　・　Ｂ　に入る言葉を第一段落から抜き出して、それぞれ書きなさい。ただし、同じ言葉を二回使ってはならない。

(5) 本文からうかがえる匡衡の人柄として最も適当なものを次から一つ選び、記号で答えなさい。

ア 信仰心が厚く慈悲深い人　イ 世渡り上手で社交的な人

ウ 博識で才能を自慢する人　エ 教養があり機転が利く人

(1)				(2)
(3)				
(4) A		B		(5)

〈(1)(5)各8点×3　(3)4点　(4)8点×2〉

第1日　第2日　第3日　第4日　第5日　第6日　第7日　第8日　第9日　第10日

1 次の文章を読んで、あとの問いに答えなさい。

まだ会社に勤めていた頃、社の近くに、スプーンとナイフ、フォークだけでなく、必ず箸を添えて出す小さなレストランがあった。紙の箸袋に入った丁*六型の割箸で、駅弁などについているものよりも少し長目の割箸である。

一流ホテルのレストランなどではまずあり得ない和洋の［ A ］であるが、この［ A ］が実に気楽であり、何よりも食事がしやすかった。こういう所へなら、地方から上京してきた老人を案内しても、互いに気詰まりな思いをしないで食事を愉しむことができる。〈中略〉

日本料理をしっかり支えているのが箸で、たった一膳*といっても、三度の食事で発揮される箸の機能は水陸両用とでも言いたい頼もしさ、当っているのはたらきの多様性は、高座*で示される扇子や日本手ぬぐいのたぐいではない。

固い食物、柔らかな食物、長い、短い、太い、細い食物を口へ運ぶに

しかもこの機能は、箸を指で使う人間次第というところがあって、ごくわずかな機能にしかあやかれないまま一生を終る場合もある。人間は遠い昔から営々として箸をつくりながら、つくった箸の暗黙の要①求にどれだけ応えられるか試されてきたとも言えるだろう。

神社の祭礼では、箸は今もって神饌に添えられる神聖な食器である。和服姿の人が少なくなり、純日本建築が珍しくなって、箸の無い家はまずないだろう。〈中略〉箸を上手に使うことができそうでないかには、単なる手先の［ B ］にはとどまらない多くのことが含まれていると思う。

箸も持てなくなった、と言って病気や老いを嘆く。箸も持てない状態というのは、考えてみると何かを象徴している状態でもあって、私自身、気持ちが緩んだり、屈したりしているような時にも、箸のⓐ持ち方や箸運びはとかくだらしなくなっている。

二本の箸の両先端が、自分の体の部分のように違和感なく精妙には

たらく時、背筋はまず曲がっていない。私は、背筋をしゃんと伸ばした老人が、男でも女でも、茶碗を片手に箸を使っている姿を見るのが好きである。ものが、所を得ているさまだ、と思う。簡素な食膳の時②こそにそう思う。

旅に出ると、早朝の門前町の小店などでよくそうした姿に出会う。表に立って声をかけると、老夫婦のつつましい朝食が中断される。悪③かったと思う気持ちと、いい情景を見たという静かなヨロコびが重なⓑる。

（竹西寛子「ひとつとや」）

*丁六型の割箸＝角を取ったりしない長方形の割箸。
*高座＝この場合は寄席で落語などを演じる場所。
　膳＝箸二本を一対として数える語。

(1) ──線部ⓐ「緩んだり」の読みをひらがなで書きなさい。また、ⓑ「ヨロコび」のかたかな部分を漢字で書きなさい。

(2) ［ A ］に入る最も適当な言葉を次から一つ選び、記号で答えなさい。
ア 創造　イ 否定　ウ 分離　エ 折衷

(3) ──線部①「箸の暗黙の要求」の内容として最も適当なものを次から一つ選び、記号で答えなさい。
ア 箸の多様なはたらきを十分に生かしてほしいこと
イ 箸を使って日本料理の完成度を高めてほしいこと
ウ 箸を遠い昔と同様につくりつづけてほしいこと
エ 毎日の食事において箸だけを使ってほしいこと

(4) ［ B ］に入る最も適当な言葉を次から一つ選び、記号で答えなさい。
ア 大胆さ　イ 便利さ　ウ 器用さ　エ 微妙さ

(5) ──線部②「ものが、所を得ているさま」の内容として最も適当なものを次から一つ選び、記号で答えなさい。
ア 背筋を曲げた老人の片手に箸が握られているさま
イ 背筋を伸ばした老人に箸が精妙に使われているさま
ウ 老人の手に箸の長さや太さがよく合っているさま
エ 老人が背筋をしゃんとさせて食卓についているさま

第10日 数学　予想問題 ②

時間 50分　合格 80/100点

得点　　点

解答→別冊 15 ページ

1 次の問いに答えなさい。

(1) $12ab^2 \div (-3ab) - 5a - \dfrac{b-3a}{2}$ の計算をしなさい。

(2) 右の図のように，平行な2直線 ℓ, m がある。点 A と点 C はそれぞれ直線 ℓ, m 上にあり，四角形 ABCD は平行四辺形である。このとき，$\angle x$ の大きさを求めなさい。

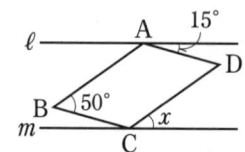

(3) **図1** の容器は，底面が半径 6 cm の円である円柱の形をしている。この容器は水平に置かれ，底面から 10 cm の高さまで水が入っている。この容器に**図2**のように半径 3 cm の鉄球を静かに沈めたところ，水面が上昇した。このときの底面から水面までの水の高さを求めなさい。ただし，容器の厚さは考えないものとする。

図1　図2

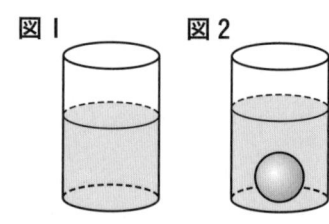

(1)
(2)
(3)
〈6点×3〉

Key Points

▶ 平行線と角

$\ell // m$ のとき，

・同位角は等しい
$\angle a = \angle c$

・錯角は等しい
$\angle a = \angle b$

2 A さんは，友人と近所の幼稚園の「ふれあいもちつき大会」に参加した。つくったもちを園児に分けるのに，1人に 5 個ずつ分けると 45 個余り，7 個ずつ分けると 9 個たりない。園児の人数と，つくったもちの個数はいくらか。園児の人数を x 人として方程式をつくり，それぞれを求めなさい。

方程式

園児　　　もち

〈完答 7 点〉

3 大小 2 つのさいころを同時に 1 回投げる。さいころのどの目が出ることも同様に確からしいものとする。

(1) 出る目の数の和が 10 となる場合は何通りあるか，求めなさい。

(2) 右の図は，1 辺の長さが 1 m のひし形 ABCD である。大きいさいころの出る目の数を a，小さいさいころの出る目の数を b とする。点 P は頂点 A から出発し，左まわりに a m，点 Q は頂点 B から出発し，右まわりに b m，それぞれひし形の辺上を移動する。2 点 P, Q が同じ頂点に止まる確率を求めなさい。

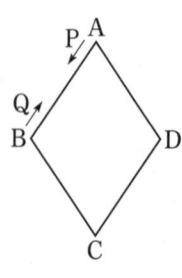

(1)
(2)
〈8点×2〉

4 姉と弟が同時に家を出発し，2100 m 離れた鉄塔まで歩き，すぐに折り返して家に戻った。

右の図は，姉が家を出発してからの時間を x 分，家から姉までの距離を y m としたときの，x と y の関係を表したグラフである。弟は家から鉄塔までは姉より速く歩き，姉が鉄塔に到着した時間の 5 分前に鉄塔に到着し，鉄塔から家までは姉より遅く歩いた。ただし，弟の歩く速さは，家から鉄塔までと鉄塔から家までは，それぞれ一定であり，姉と弟は同じ一直線の道を歩いたものとする。

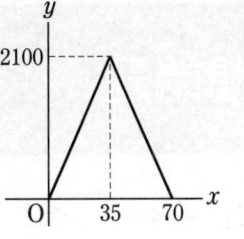

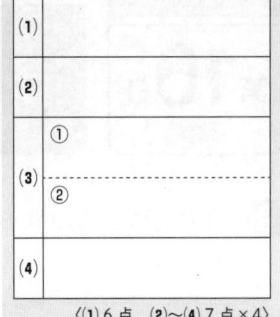

〈(1) 6 点，(2)〜(4) 7 点×4〉

(1) 弟が家から鉄塔まで歩いた速さは毎分何 m か，求めなさい。

(2) 図で，$35 \leqq x \leqq 70$ のとき，y を x の式で表しなさい。

(3) 弟は，姉が家に着いた時間に姉の 100 m 後方にいた。

① 弟が家に着いたのは姉が家に着いてから何分後か，求めなさい。

② 家からの距離が a m の地点を，弟が 2 回目に通過した 1 分後に，鉄塔から家に向かう姉が通過した。a の値を求めなさい。

(4) 弟が姉より早く家に着くための，鉄塔から家までの弟の歩く速さについて考えた。弟の歩く速さについてまとめた次の文の，□にあてはまる値を書きなさい。

> 弟が，鉄塔から家まで歩く速さを毎分 b m とする。弟が姉より早く家に着くためには，b の値の範囲を，□$< b < 60$ としなければならない。

5 奇数を 1 から順に 6 個ずつ並べる。縦，横 2 個ずつの数を線で囲み，わくの中の 4 つの数を小さいほうから順に a，b，c，d とする。たとえば，$\begin{array}{|cc|} 15 & 17 \\ 27 & 29 \end{array}$ のわくでは，$a=15$，$b=17$，$c=27$，$d=29$ である。

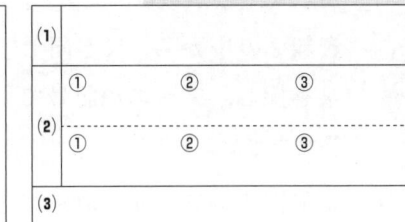

〈(1) 6 点，(2)完答 8 点，(3) 11 点〉

(1) $a=19$ のとき，$a+b+c+d$ の値を求めなさい。

(2) a，b，c，d について調べてみると，次のような関係がわかった。

《わくをどこにとっても，$a+b-c-d$ の値は -24 になる。》

さらに，$+$，$-$ の符号をいくつか変えて調べてみると，次のような関係は 2 通りあることがわかった。

《わくをどこにとっても，$a-b$ ① c ② d の値は ③ になる。》

この関係が成り立つように，①，②にはそれぞれ $+$ か $-$ を，③には数を，2 通り書きなさい。

(3) わくをどこにとっても，$a+b+c+d$ は 8 の倍数になることを説明しなさい。

解答→別冊 15 ページ

1 次の文は，右の地形図の地域のようすについてまとめたものである。地形図や資料をもとに，各問いに答えなさい。

> 　荒神山の山頂からは，三嶋地区から八幡地区にかけて，道路や用水路で区画された平地に（ A ）が広がっているようすや，荒神山の斜面が果樹園に利用されているようすが見える。一方，兼平地区と門前地区とを結ぶ道路の両側には，三嶋地区から八幡地区にかけての土地利用とは違った土地利用が見られる。aこうした土地利用は，1970 年代から約 40 年間増えていった。荒神山の山頂から（ B ）の方位に見えるb大型の施設は，この地域の果樹園で栽培されている（ C ）を保存するためのものである。

(1) 地形図①・②の地図記号は何を示しているか答えなさい。

(2) 地形図の⑦〜①の間を流れる川は，どちらの方向に流れているか。⑦と①の間に流れる方向に矢印を入れなさい。

(3) 文中（ A ）に適する語句を答えなさい。

(4) 文中（ B ）に適する方位を 8 方位で答えなさい。

重要 (5) 文中（ C ）に適する果実名を，資料 I をもとに答えなさい。

(6) 資料 I の X は，この地形図が示す地域がある県である。資料 2 の中から，X と同じ県を探し，ア〜エの記号で答えなさい。

資料 I （C）の生産量上位 5 県

順位	生産県	生産量
I	X	46.3
2	長野	13.5
3	岩手	4.7
4	山形	4.2
5	秋田	2.5
全 国 計		76.3

(2020 年)　(単位 万 t)
(2022/23 年版「日本国勢図会」)

資料 2
ア〜エは X・沖縄県・愛知県・広島県のいずれかを表す。

	面積(km²)	65 歳以上の割合(%)	工業出荷額(億円)※
ア	2283	22.6	4990
イ	9645	33.7	17504
ウ	5173	25.3	481864
エ	8480	29.4	98047

(2020 年，※は 2019 年)
(2022/23 年版「日本国勢図会」など)

(7) 地形図中のア〜イの原図の長さは 5 cm である。実際の距離は何 km になるか答えなさい。

(8) 下線部 a にもっともかかわりの深いことを，次のア〜エから 1 つ選び，記号で答えなさい。
　ア 減反政策にともなう転作のため。　イ 気候を生かした裏作をするため。
　ウ 露地栽培による近郊農業のため。　エ ハウスによる促成栽培のため。

記述 (9) 下線部 b の大型の施設を使って果実を保存する目的を，資料 3 をもとに「出荷量」「価格」の 2 つの語句を使って簡潔に説明しなさい。

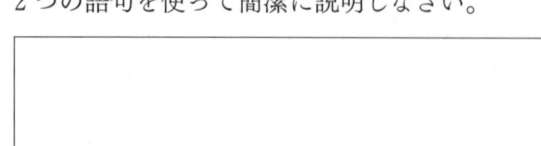

(国土地理院　1：25000　2015 年)

(1)	① ⊕
	② △
(2)	ア(　　　　　)イ
(3)	
(4)	
(5)	
(6)	
(7)	km
(8)	
(9)	□ に書きなさい。

〈4 点×10〉

資料 3 （C）の東京市場への出荷量と 1 kg 当たりの価格

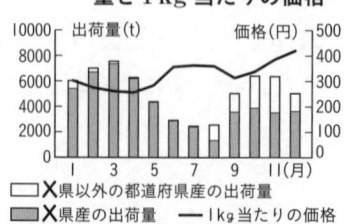

□X県以外の都道府県産の出荷量
■X県産の出荷量　—1kg 当たりの価格
(2021年)　(東京都中央卸売市場)

Key Points
▶覚えておくべき地図記号
　⌒ 図書館
　血 博物館・美術館
　⊁ 風車
　⌂ 老人ホーム
　⽷ 自然災害伝承碑

2 次の各問いに答えなさい。

重要 (1) 右のグラフは京浜・阪神・中京工業地帯の工業生産額の割合を示している。中京工業地帯に適するものをア～ウから選び，記号で答えなさい。

1960年	ア 24.7%	イ 10.8	ウ 20.9	その他 43.6
1990年	15.7%	3.1	12.4	58.8
2010年	8.8%	16.6	10.3	64.3
2019年	7.8%	18.1	10.3	63.8

(2022/23年版「日本国勢図会」)

(2) 右のグラフは，日本の発電エネルギー源別割合を示している。これについて，次の各問いに答えなさい。

① **イ** に適する発電の種類を答えなさい。

② **X** は「新エネルギー」を指している。この新エネルギーに適する発電の種類を1つ答えなさい。

地熱・**X** 2.7
ウ 6.2
ア 8.7% **イ** 82.3
(2018年) (2021/22年版「世界国勢図会」)

(3) 日本の世界自然遺産とその場所の組み合わせとして誤っているものを，次のア～エから1つ選び，記号で答えなさい。

ア 白神山地—青森県・秋田県　　イ 屋久島—鹿児島県
ウ 小笠原諸島—沖縄県　　エ 知床—北海道

3 次の資料と略年表を見て，あとの各問いに答えなさい。

	主 な 活 動
A	内閣制度を創設し，初代内閣総理大臣となった。大日本帝国憲法の制定に尽力し，アジアで最初の立憲国家を成立させた。
B	米騒動のあと，わが国で最初の本格的な政党内閣を組織した。平民宰相といわれ，国民の期待を集めた。
C	サンフランシスコ平和条約を締結し，日本の独立に尽力した。保安隊を改め，自衛隊を組織した。

年	できごと	
1885	内閣制度が創設される	
1894	領事裁判権が撤廃される	①
1905	ポーツマス条約が締結される	
1914	第一次世界大戦が始まる	
1915	二十一か条の要求を出す	②
1918	米騒動が起こる	
1919	ベルサイユ条約が締結される	
1931	満州事変がおこる	③
1945	連合国の日本占領が始まる	
1954	自衛隊が発足する	

(1) Aの人物名を答えなさい。

(2) Bの下線部について，この人物はどの政党の総裁をつとめていたか，次のア～エから1つ選び，記号で答えなさい。
ア 立憲改進党　　イ 自由党　　ウ 立憲政友会　　エ 民主党

(3) Cの下線部について，アメリカ合衆国がこの条約の締結を急いだことと関係の深いものを，次のア～エから1つ選び，記号で答えなさい。
ア 朝鮮戦争　　イ ベトナム戦争　　ウ 湾岸戦争　　エ キューバ危機

(4) 略年表中①～③の各時期のわが国のようすを述べたものとして適切なものを，次のア～エから1つずつ選び，記号で答えなさい。
ア 関東大震災以降，慢性的な不況に苦しみ，世界恐慌で大きな打撃を受けた。
イ 軍需品の生産が優先され，生活必需品の生産が制限された。
ウ 繊維産業などの軽工業を中心に産業革命が進行した。
エ 機械・化学・薬品工業などが発達し，貿易面では輸出額が輸入額を上回った。

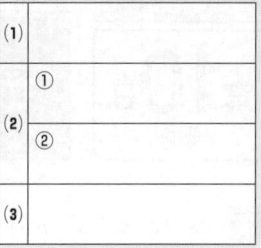

(1)	
(2)	①
	②
(3)	

〈6点×4〉

第1日 第2日 第3日 第4日 第5日 第6日 第7日 第8日 第9日 **第10日**

Key Points

▶日本の主な世界文化遺産
（2022年6月現在）
・法隆寺地域の仏教建造物
・姫路城
・古都京都の文化財
・白川郷・五箇山の合掌造り集落
・原爆ドーム
・厳島神社
・古都奈良の文化財
・日光の社寺
・琉球王国のグスク及び関連遺産群
・紀伊山地の霊場と参詣道
・石見銀山遺跡とその文化的景観
・平泉－仏国土(浄土)を表す建築・庭園及び考古学的遺産群－
・富士山－信仰の対象と芸術の源泉－
・富岡製糸場と絹産業遺産群
・明治日本の産業革命遺産
・ル・コルビュジエの建築作品(国立西洋美術館)
・「神宿る島」宗像・沖ノ島と関連遺産群
・長崎と天草地方の潜伏キリシタン関連遺産
・百舌鳥・古市古墳群－古代日本の墳墓群－
・北海道・北東北の縄文遺跡群

(1)		
(2)		
(3)		
(4)	①	②
	③	

〈6点×6〉

第**10**日 理科

予想問題 ②

時間 50分
合格 80/100点

得点

点

解答→別冊 16 ページ

重要 **1** 春のある日の午前9時に，A地点で気象観測を行った。**図1**は観測を行ったときの天気図である。**次の問いに答えなさい。**

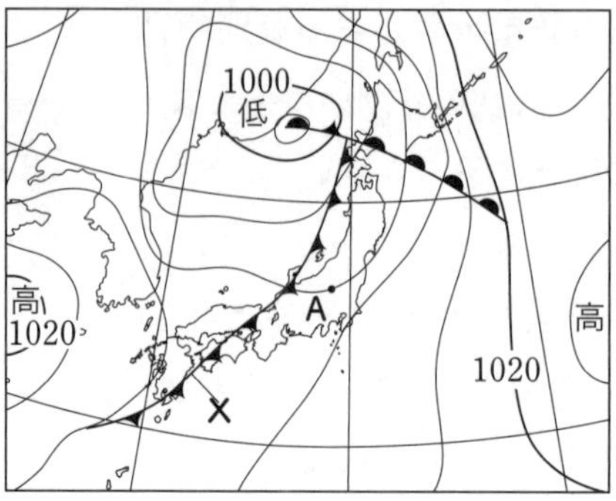

(1) A地点の午前9時の天気は**図2**のようになった。天気と風向，風力を答えなさい。

(2) A地点の午前9時の気圧を**図1**から読みとり，単位をつけて書きなさい。

(3) **図1**の前線**X**はその後A地点を通過した。

記述 ① 前線の通過に伴い，A地点では積乱雲が発生した。この雲はどのような雨を降らせたと考えられるか，簡潔に書きなさい。

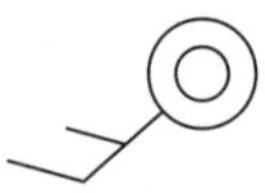

② 気温と風向の変化として，最も適当なものを，**ア〜エ**から1つ選びなさい。

ア 気温は上がり，風向は変わらなかった。　**イ** 気温は上がり，風向は変化した。

ウ 気温は下がり，風向は変わらなかった。　**エ** 気温は下がり，風向は変化した。

図1

図2

(1)	天気	
	風向	
	風力	
(2)		
(3)	①	
	②	

〈5点×6〉

2 **図1**のような装置をつくり，磁界中のコイルに電流を流し，コイルが磁界から受ける力について調べた。図中のスイッチを入れたとき，ⓐコイルはスタンドのほうへ少し動いて静止し，電圧計は4.5 Vを示した。**次の問いに答えなさい。**

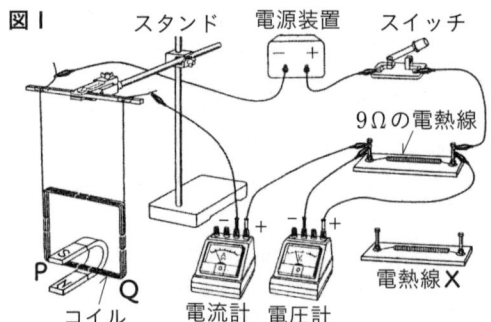

図1　スタンド　電源装置　スイッチ
9Ωの電熱線
電熱線X
P　Q　電流計　電圧計
コイル

(1) **図2**の**ア**，**イ**のうち，**図1**のコイルのP，Qの間を流れる電流がつくる磁界の向きを，矢印➡で正しく表しているものはどちらか。正しいものの記号を○で囲み，（　）の中にコイルを流れる電流の向きを矢印で表しなさい。

図2
ア（　）　　イ（　）
P　　　Q　　P　　　Q

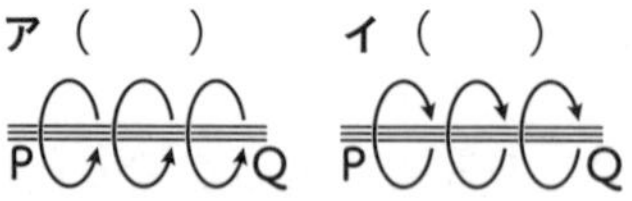

(2) 9Ωの電熱線に電熱線**X**を並列につなぎ，スイッチを入れ，回路を流れる電流の大きさを測定した。電圧計が4.5 Vを示しているとき，電流計の針は**図3**の位置だった。**図3**から回路を流れる電流の大きさを読みとり，単位をつけて答えなさい。また，電熱線**X**の抵抗（ていこう）は何Ωか求めなさい。

図3

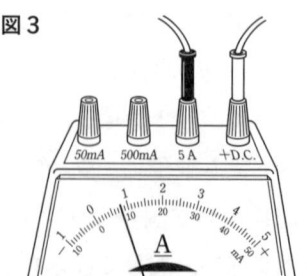

50mA　500mA　5 A　+D.C.
A

記述 (3) 9Ωの電熱線と電熱線**X**を直列につなぎ，両端（りょうたん）をスイッチと電流計にそれぞれつないだ。スイッチを入れ，9Ωの電熱線に加わる電圧が4.5 Vになるようにしたとき，電熱線**X**をつなぐ前の下線部ⓐの場合と比べて，コイルのふれの大きさはどのようになったか。理由をつけて，簡潔に書きなさい。

(1)	左の**図2**にかき入れなさい	
(2)	電流	
	抵抗	
(3)		

〈(1)(2) 5点×3，(3) 10点〉

Key Points

▶**電流が磁界から受ける力の向き**

①電流の向きを逆にすると，力の向きは逆になる。

②磁界の向きを逆にすると，力の向きは逆になる。

3 化学変化を調べる実験を①〜④の手順で行った。**以下の問いに答えなさい。**

① 鉄粉 7.0 g と硫黄 4.0 g をよく混ぜ
合わせたものを 2 つつくり，それら
を試験管 A，B にそれぞれ入れた。

② ①の 2 本の試験管のうち，試験管 A
だけを**図 I**のように加熱した。反応
が始まったところで(a)ガスバー
ナーの火を消して加熱をやめたが，反応はそのまま進み，鉄粉と硫黄はすべて
反応して硫化鉄が 11.0 g できた。

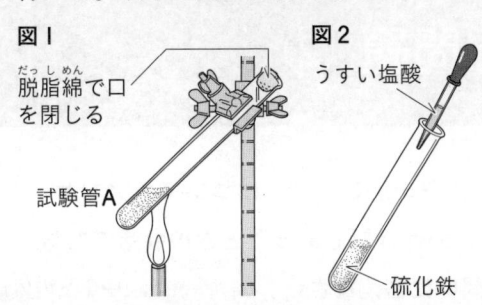
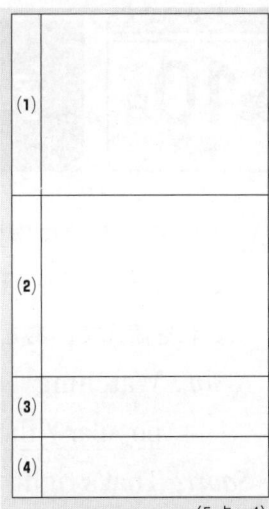

図 I 脱脂綿で口を閉じる／試験管 A
図 2 うすい塩酸／硫化鉄

③ **図 2**のように，②でできた硫化鉄に少量のうすい塩酸を加えたところ，(b)にお
いのある気体が発生した。また，加熱していない試験管 B の鉄と硫黄の混合
物にうすい塩酸を加えたときに発生した気体には，においがなかった。以上よ
り，反応後にできた硫化鉄は，鉄や硫黄とは性質が異なることが確認できた。

④ ②と同じ方法で，鉄粉 12.6 g と硫黄 6.0 g の混合物を加熱して反応させた。反
応後の試験管には，⬚⬚⬚⬚⬚⬚。

記述 **(1)** 下線部(a)のように，加熱するのをやめても反応がそのまま進行したのはなぜか。
簡潔に書きなさい。

記述 **(2)** 下線部(b)で，安全に気体のにおいを調べるためにはどうすればよいか。簡潔に
書きなさい。

(3) 実験の④の⬚⬚⬚⬚⬚にあてはまる文として最も適当なものを，次の**ア〜ウ**か
ら 1 つ選びなさい。

ア 反応によってできた硫化鉄と，反応に使われなかった硫黄が残った。

イ 反応によってできた硫化鉄と，反応に使われなかった鉄が残った。

ウ 反応によってできた硫化鉄のみがあった。

(4) 実験の④で，反応後にできた硫化鉄は何 g か，書きなさい。

4 **図 I** は，ある植物の水や栄養分の通
り道を模式的に示したものである。
図中の実線 a は根から吸収された水
などの通り道を，破線 b は葉でつく
られた栄養分の通り道をそれぞれ示
している。**次の問いに答えなさい。**

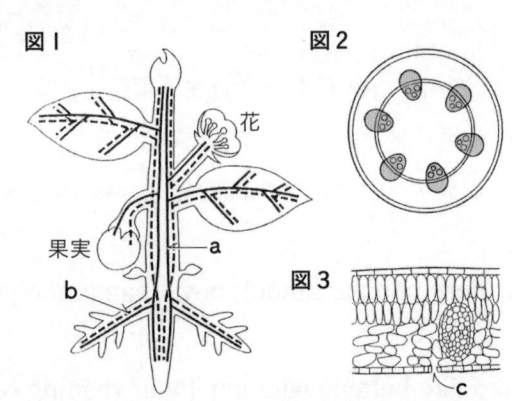

図 I 花／果実／a／b
図 2
図 3 c

(1) a，b の管をそれぞれ何といいま
すか。

(2) **図 2** は，この植物の茎の断面を模式的に示したものである。図 2 の維管束の並
び方から，この植物は何という葉脈をもつと考えられるか。葉脈の名称を書き
なさい。

(3) **図 3** は，この植物の葉の横断面の一部を模式的に示したものである。葉に運ば
れた水の多くは，図中に示した c から水蒸気となって大気中へ出ていく。c の
名称を書きなさい。

(4) (3)の現象は何とよばれるか。その名称を書きなさい。

(1)	
(2)	
(3)	
(4)	

〈5 点×4〉

(1)	a
	b
(2)	
(3)	
(4)	

〈5 点×5〉

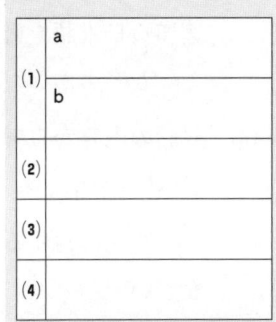

予想問題 ②

時間 50分　合格 80/100点

得点　　点

解答→別冊16ページ

1 次の英文は，「中学生の休日の過ごし方」についてのアンケート結果をまとめた表をもとに，**Kenji** と **Saori** が話しあったときの会話である。

これを読んで，あとの問いに答えなさい。〔高知一改〕

中学生の休日の過ごし方(%)

休日にすること	男子	女子
テレビをみる	65	72
A	42	22
音楽をきく	29	47
B	23	22
C	18	24

Kenji : Watching ①(most / is / TV / thing / popular / the) among boys and girls.

Saori : That's right. Many girls like listening to music. It is more popular among girls than among boys. Girls like it better than reading books or playing sports.

Kenji : Yes. Boys like playing sports better than listening to music.

Saori : Among girls, studying is as popular as playing sports.

Kenji : ②That's interesting. Among boys, studying is more popular than reading books. Junior high school students watch TV a lot, but they don't read books very much. I'm really surprised.

Saori : I also like watching TV better than reading books.

Kenji : I know watching TV is fun, but I like reading books better. Some books teach us a lot of useful things.

Saori : Well, I think you're right.

(1) 下線部①の（　）内の語を並べかえて，正しい英文になるようにしなさい。

(2) 下線部②で Kenji がおもしろいと思っている内容を表すように，次の（　）に適切な日本語を書きなさい。

　　　女子のあいだでは（　　　　　　　　　　　　　　　）こと。

(3) 対話の内容から考えて，表中の A～C にあてはまる項目を，次から選びなさい。

　　ア 読書をする　　**イ** スポーツをする　　**ウ** 勉強をする

(4) 次の質問に対する答えが本文の内容と合うように，（　）の中に適当な語を入れなさい。

　　a. Is watching TV more popular among boys than among girls?
　　　（　　　　），it（　　　　）.

　　b. Which does Saori like better, watching TV or reading books?
　　　She likes（　　）（　　）（　　）.

(1)	
(2)	
(3) A　　　　B　　　　C	
(4) a　　　　　b	

〈(1) 7点，(2) 8点，(3)(4) 5点×5〉

2 次の問いに答えなさい。

(1) 次の会話が成り立つように，それぞれ下の**ア〜エ**の中から適当な語(句)または文を選んで，記号で答えなさい。

① A : (　　　) do you go to school?

B : I walk to school.

〔ア When　イ What　ウ How　エ Why〕

② A : Did you go to the movies last night?

B : No.　I was sick, so I had (　　　) at home.

〔ア stay　イ staying　ウ to stay　エ will stay〕

③ A : Do you know Toshiko?

B : Yes, I do.　(　　　) are in the same class this year.

〔ア We　イ I　ウ They　エ She〕

④ A : Shall I show you some pictures of my family?

B : (　　　), please.

〔ア Let's　イ No　ウ Sorry　エ Yes〕

⑤ A : Can you come and help me?

B : (　　　) I'm busy now.

〔ア Sorry, I can't.　イ No, thank you.　ウ That's right.

エ Yes, let's.〕

(2) 次の対話文の(　)の中にそれぞれ最も適当な語を入れなさい。ただし，答えはすべて(　)内に指示された文字で書き始めること。〔法政大第二高〕

① A : Will you (o　　　) the window?

B : Sure.　It's very hot in this room, isn't it?

② A : How was the (w　　　) in London?

B : It was rainy.

③ A : Can you say the third (m　　　) of the year in English?

B : Of course.　It's March.

④ A : What (s　　　) do you like best?

B : I like English best.

(3) 次の(　)の中の語を意味が通るように並べかえて，対話文を完成しなさい。ただし，文の最初にくる語も小文字で示してあるので，大文字にして書くこと。

〔宮崎〕

① A : Is Australia larger than America?

B : No.　Australia (not, large, as, as, is) America.

② A : You joined the tennis club, didn't you?

B : Yes.　(is, playing, interesting, tennis).

③ A : Which is her book?

B : The (is, big, hers, one).

〈5点×12〉

入試に向けた中1・2の学習のポイント

① 中1・2の学習範囲とその内容をきちんとおさえよう！

最初に学習してから時間がたち，忘れてしまっている内容があると思います。中3の学習を進めていくうえでも，まずは中1・2でどのような内容をどのようなつながりで学習してきたのか，おさえておきましょう。

② 自分の弱点を洗い出そう！

これまでの学習範囲の中で，自分の苦手な分野を見つけ出しておくようにしましょう。できなかった中1・2の学習内容の問題について，どのような分野が関係しているか確かめるようにします。

③ 復習により弱点の克服を目指そう！

②で判明した自分の苦手分野をしっかり復習するようにします。弱点を克服できれば，今後の試験でも大きな取りこぼしを減らすことができます。

④ 中1・2の学習内容が，試験でどのように出題されるかを確かめよう！

高校入試では，中1・2の学習内容もかなりの割合で出題されます。実際の入試ではどのような形で中1・2の学習内容が出題されているのか確かめ，万全の準備をしておきましょう。

試験における実戦的な攻略ポイント5つ

① 問題文をよく読もう！

問題文をよく読み，意味の取り違えや読み間違いがないように注意しよう。
選択肢問題や計算問題，記述式問題など，解答の仕方もあわせて確認しよう。

② 解ける問題を確実に得点に結びつけよう！

解ける問題は必ずある。試験が始まったらまず問題全体に目を通し，自分の解けそうな問題から手をつけるようにしよう。
くれぐれも簡単な問題をやり残ししないように。

③ 答えは丁寧な字ではっきり書こう！

答えは，誰が読んでもわかる字で，はっきりと丁寧に書こう。
せっかく解けた問題が誤りと判定されることのないように注意しよう。

④ 時間配分に注意しよう！

手が止まってしまった場合，あらかじめどのくらい時間をかけるべきかを決めておこう。解けない問題にこだわりすぎて時間が足りなくなってしまわないように。

⑤ 答案は必ず見直そう！

できたと思った問題でも，誤字脱字，計算間違いなどをしているかもしれない。ケアレスミスで失点しないためにも，必ず見直しをしよう。

中1・2の総復習

10日でできる
5科の予想問題

解答・解説

受験研究社

第1日 漢字の読み書き　p.4

1

(1)	破竹	(2)	航空	(3)	綿密	(4)	穀物	(5)	領域
(6)	貨物	(7)	障子	(8)	対照	(9)	針小	(10)	公明

×貸　　　　×線

2

(1)	きんこう	(2)	けいだい	(3)	けんお	(4)	にゅうわ
(5)	むじゅん	(6)	じょうじゅ	(7)	けはい	(8)	あくしゅ
(9)	おお	(10)	おごそ	(11)	あざ	(12)	まぎ

3

(1)	仰ぐ	(2)	交えて	(3)	唱える	(4)	省く	(5)	補う

4

(1)	イ	(2)	ウ	(3)	ア	(4)	ウ	(5)	エ

5

(1)	イ	(2)	ウ

1 (8)「対照」は同種のものを比べ合わせるという意味である。同音異義語の「対象」「対称」との意味の違いを確認しておこう。

2 (10)送りがなが「しい」の場合は「きび─しい」となる。

4 (1)「解放」に対し，**ア**「開閉」**イ**「解散」**ウ**「改正」**エ**「世界」。
(2)「関心」に対し，**ア**「感謝」**イ**「歓迎」**ウ**「関係」**エ**「間接」。
(3)「追及」に対し，**ア**「及第」**イ**「呼吸」**ウ**「求人」**エ**「研究」。
(4)「冒す」に対し，**ア**「防止」**イ**「暴力」**ウ**「冒険」**エ**「貿易」。
(5)「裁つ」に対し，**ア**「掲載」**イ**「歳入」**ウ**「国債」**エ**「裁縫」。

5 (1)は「なっ」と読む。**ア**「のうにゅう」，**ウ**「しゅうのう」，**エ**「のうぜい」，**オ**「すいとう」。(2)は「ちょう」。**オ**は「やえざくら」。

第1日 数と式　p.5

1

(1)	1
(2)	$\dfrac{3}{10}$
(3)	-13
(4)	2

2

(1)	6個
(2)	$120a+50b>1000$
(3)	側面積

3

(1)	-3	(2)	9
(3)	4	(4)	9

4

(1)	$a-10$
(2)	$53x-2$
(3)	$-6x+9$
(4)	$\dfrac{7a+13}{12}$

5

2点

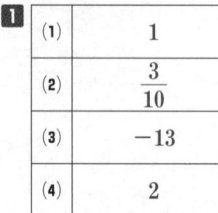

平均点＝$\dfrac{合計点}{人数}$ を使う。

1 (2)わり算をかけ算にして，

$$\frac{4}{5}+\frac{3}{8}\times\left(-\frac{4}{3}\right)=\frac{4}{5}-\frac{1}{2}$$
$$=\frac{8}{10}-\frac{5}{10}=\frac{3}{10}$$

(3)**分配法則**を使って，
$$13\times\left\{\left(-\frac{1}{3}\right)-\frac{2}{3}\right\}=13\times(-1)=-13$$

2 (1)$-4\dfrac{2}{3}<x<1.3$ となる整数 x は，
-4，-3，-2，-1，0，1
(3)正三角柱の底面は正三角形，側面は長方形である。

3 (2)$6-(-3)=6+3=9$
(3)$-\dfrac{12}{x}=-12\div x$
(4)$(-x)^2=x^2$

4 (3)$(4x-6)\times\left(-\dfrac{3}{2}\right)$ として計算する。
(4)$\dfrac{3(5a+3)-4(2a-1)}{12}$ と（　）をつけて計算する。

5 Aの得点は，$3-7=-4$（点）
Bの得点は，$9-1=8$（点）
Cの得点は，$4-6=-2$（点）
Dの得点は，$8-2=6$（点）
平均は，$\dfrac{-4+8-2+6}{4}=2$（点）

第1日 世界と日本のすがた　p.6

1

(1)	都市	明石市
	経度	東経135度
(2)		1月1日 午前3時
(3)		12月31日 午後10時

2

×大

(1)	太平洋
(2)	ウ
(3)	例 資料1は，高緯度ほど形のひずみが大きくなるのに対し，資料2は，ほぼ正確に形を表すことができるから。
(4)	B，C

3

A	領海
B	領土
C	（排他的）経済水域
D	領空
E	公海

1 地球は24時間で1回自転するので，360（度）÷24（時間）＝15（度）となり，**経度15度で1時間の時差**が生じ，西に行くほど1時間ずつ遅くなる。
(2)東京とロンドンの経度差は（135−0）度。時差は，135÷15＝9（時間）。ロンドンは東京の9時間前の時刻。
(3)東京とニューヨークの経度差は（135＋75）度。時差は，210÷15＝14（時間）。ニューヨークは東京の14時間前の時刻，**時差＝経度差÷15** で計算する。

2 (2)**ア**は経線を描いたものである。**イ**は北極点ではなく赤道を中心にした際の経線を描いたもの，**エ**は赤道を中心にした際の緯線を描いたものとなる。
(3)球体の地球を平面に描けば，必ずさまざまなゆがみが生じる。資料1は高緯度ほど面積が拡大されるメルカトル図法を調整し，極地方を描けるようにしたミラー図法である。
(4)西アジアに属するのは，**B**のサウジアラビアと**C**のイラクである。**A**はアメリカ合衆国，**D**は中国，**E**はロシアである。

第1日 光・音・力のつりあい　p.7

1

(1)	振動数
(2)	エ

2

(1)	例 反対になっている。
(2)	6 cm
(3)	0.75 N
(4)	例 ばね R に加える力とばねの伸びは比例の関係にある。

3

(1)	イ
(2)	ウ
(3)	カ

1 (1)弦が1秒間に振動する回数を振動数といい，単位はヘルツ（Hz）で表す。
(2)弦の張りを強くして，振動数を多くすると高い音が出る。**ア**では，振動数が少なくなり，音は低くなる。**イ**では，振幅が大きくなり，音は大きくなる。

2 (1)1つの物体に2つ以上の力がはたらき，その物体が静止しているとき，物体にはたらく力はつりあっている。つりあう2力の関係は，力の大きさが等しく，力の向きが反対で，力は同一直線上にある。
(2)グラフより，50 g で6 cm 伸びる。
(3)(4)ばねに加える力とばねの伸びの間には比例の関係がある。9 cm 伸びるときのおもりの質量を x〔g〕とすると，
50 g：6 cm＝x〔g〕：9 cm　$x=75$〔g〕
100 g の物体にはたらく重力の大きさは1 N だから，$75\div100=0.75$〔N〕

3 凸レンズの2つの焦点距離は変化しない。物体を凸レンズから遠ざけると，できる像は凸レンズに近づくようにできる。そして，像の大きさは小さくなっていく。

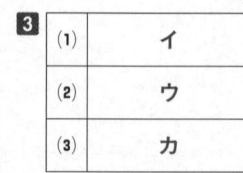

第1日 語の変化　p.8

1

(1)	running	(2)	mine	(3)	saw
(4)	went	(5)	classes		

基本的な文法事項を習得しておくこと。

2

(1)	has	his	(2)	doesn't study
(3)	are cleaning		(4)	will watch
(5)	must help			

「指示」の内容も理解することが大切。

3

(1)	children	(2)	bigger	(3)	studied
(4)	swimming				

まずＡとＢの関係を理解することが重要。

4

(1)	teachers	(2)	goes	(3)	Japanese
(4)	him	(5)	me		

1 (2)「私のもの」は **mine**。
(3)(4)過去形。いずれも不規則に変化する動詞。
(5)複数形。class には後ろに es をつける。

2 (1)主語がケンになるので，「私のかばん」→「彼のかばん」になる。
(2)主語が３人称単数なので，doesn't をつけ，動詞を原形にする。
(3)進行形は〈be 動詞＋〜ing〉で表す。
(4)未来を表す助動詞 **will** を使う。

3 (2)big−bigger−biggest と変化する。

第2日 語句・熟語　p.9

1

(1)	ウ	(2)	エ	(3)	イ
(4)	イ	(5)	ウ	(6)	ア

2

(1)	① 無	② 不	③ 非	④ 未
(2)	① 危険	② 原因	③ 消費	④ 個人	⑤ 客観

3

(1)	ケ	(2)	エ	(3)	ウ	(4)	イ

4

正々堂々	子々孫々

5

(1)	イ	(2)	エ	(3)	ウ	(4)	ア	(5)	イ

1 (1)「探求」は同じような意味の字を重ねた熟語。(2)「映画」は下の字が上の字の目的語になっている熟語。(3)「楽観」は上の字が下の字を修飾している熟語。(4)「頭痛」は上の字が下の字の主語になっている熟語。(5)「明暗」は上下の字が反対の意味の熟語。

2 (2)**対義語**には，対の意味になる漢字を含むものが多い。

3 イ「千載一遇」とは，千年に一度めぐりあうほどの，またとない機会のこと。四字熟語や故事の意味を確実に覚えておくこと。

4 残りの四字熟語は「悠々自適」と「小心翼々」である。

5 (1)「優」はやさしいという意味。(2)「明」はあきらかにするという意味。(3)「苦」はにがいという意味。(4)「治」はなおすという意味。(5)「過」はあやまちという意味。

第2日 1次方程式，比例と反比例　p.10

1

(1)	$x=-2$
(2)	$x=\dfrac{1}{4}$
(3)	$x=2$
(4)	$x=\dfrac{1}{4}$

2

$a=-\dfrac{5}{3}$

3

(1)	$\dfrac{x}{4}-\dfrac{5}{60}=\dfrac{x}{15}+\dfrac{17}{60}$
(2)	$4\left(x+\dfrac{5}{60}\right)=15\left(x-\dfrac{17}{60}\right)$
道のり	$2\,\mathrm{km}$

4

(1)	$y=-3x$
(2)	$p=2$

5

(1)	$m+8$
(2)	$y=\dfrac{6}{x}$

1 (3)「$a:b=c:d$ ならば $ad=bc$」を利用して，
$6(4-x)=3(2+x)$
(4)両辺を 15 倍して，係数を整数に直す。
$5(x-1)-15x=3(2x-3)$

2 $-8-3a=7+6a$

3 (1)
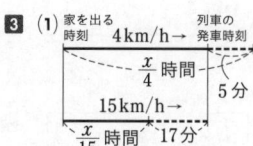
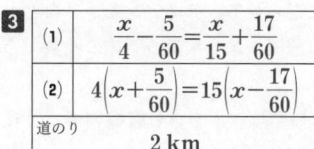
(2)家から駅までの道のりは，
$4\left(x+\dfrac{5}{60}\right)$ と $15\left(x-\dfrac{17}{60}\right)$ で表される。

4 (1)$y=ax$ に $x=2$，$y=-6$ を代入して比例の式を求める。
(2)$y=\dfrac{a}{x}$ に $x=-6$，$y=3$ を代入して反比例の式を求める。

5 (2)$3(m+8)=-m$ より，$m=-6$

第2日 世界のさまざまな地域　p.11

1

(1)	① イ	② ウ
	③ オ	④ ア
	⑤ エ	
(2)	① A	② C
	③ D	
(3)	① A	② C
	③ E	④ F
	⑤ D	⑥ B
	⑦ G	
(4)	ウ	

1 (1)世界の主な河川・山脈・自然環境などは地図で覚えよう。また，**赤道**や**本初子午線**の位置も覚えておこう。
(2)①はフランスのパリ。ヨーロッパ西部は日本より緯度が高いが，暖流の北大西洋海流と偏西風の影響で温暖である。②はインドネシア。赤道直下で一年中気温が高い。③はシドニー。北半球と南半球では季節が逆になるので，11〜1月の気温が高い。
(3)④**サンベルト**とはアメリカ合衆国の北緯37度以南の地域をさし，北部より土地や税金が安いことから企業や人々が集まり，工業が発展している地域のことをいう。⑤オーストラリアは，中国や日本などに**石炭・鉄鉱石**などを多く輸出している。
(4)**X〜Z** の各グラフのもっとも割合の多い宗教に注目する。**X** はヒンドゥー教が90％以上を占めることから，**い**のインド。**Y** はイスラム教が90％以上占めているため，**あ**のサウジアラビア。なお，タイは仏教国。

1		
(1)	二酸化炭素	
(2)	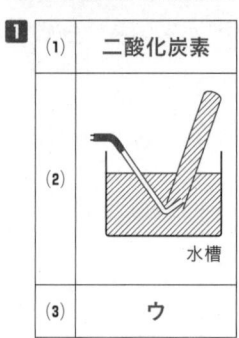水槽	
(3)	ウ	

2		
(1)	炭素
(2)	青色
(3)	水酸化ナトリウム水溶液

3		
(1)	A
(2)	選んだ物質では，物質の温度(60℃)が 例 融点より高く，沸点より低いから。

1 (2)**水上置換法**で気体を集めるときには，初め試験管の中に水を満たしておく。二酸化炭素や水に溶けにくい酸素や水素などは水上置換法で捕集するのが望ましい。(試験管の上部に少し気体がたまっているようすを図示したものも正解とする。)
(3)発生した二酸化炭素は，**石灰水を白くにごらせる。ア**はアンモニアなど，**イ**は酸素，**エ**は水素の気体の性質である。

2 (1)砂糖は炭素を含む**有機物**で，有機物は加熱すると黒くこげる。
(2)石灰水と水酸化ナトリウム水溶液は**アルカリ性**で，ＢＴＢ液が青色に変わる。
(3)石灰水は**二酸化炭素**を通すと白くにごる。

3 (1)(2)固体が液体に変化するときの温度を融点，液体が気体に変化するときの温度を沸点という。物質の融点，沸点は物質の種類によって決まっており，量によって変化はしない。60℃のとき，物質Bは気体，物質Cは固体である。

1					
(1)	teaches	(2)	younger	(3)	has to
(4)	Shall we	(5)	Is		going

１つの内容を表すのに，別の言い方がないか考えること。

2				
(1)	Does	wash	(2)	didn't buy
(3)	What did	play		
(4)	Where are	running		
(5)	Be			

3					
(1)	イエウア	(2)	イウアエ	(3)	エアオイウ
(4)	イアオエウ	(5)	ウアエイ		

文が完成すると，どんな意味になるかを予測すること。

1 (1)「ヤマモトさんは数学を教えています」という意味にする。teach には３単現の es をつける。
(3)**must≒have to**　主語が３人称単数であることに注意。
(4)**Let's ～.≒Shall we～?**「～しませんか」誘う表現。

2 (1)３単現の疑問文は〈**Does＋主語＋動詞の原形～?**〉になる。
(2)過去の否定文は〈**didn't＋動詞の原形**〉になる。
(3)何のスポーツをしたかを尋ねる文にする。What で始める。
(4)場所を尋ねる文にする。Where で始める。
(5)be 動詞の文の命令文は，Be で始める。

1	ア

2											
① コ	② ア	③ キ	④ ケ	⑤ ア	⑥ キ
⑦ ア	⑧ ク	⑨ イ	⑩ エ	⑪ カ	⑫ イ

3									
① イ	② ×	③ ア	④ ウ	⑤ イ

4			
(1)	イ	(2)	ア

5	イ

1 例文の「ほめられる」の「られる」と**ア**は，「受け身」の意味で使われている。**イ**は「可能」，**ウ**は「自発」，**エ**は「尊敬」である。
2 文の成分は文節の名称である。文節どうしは係り受けの関係で互いに結びついて文を組み立てている。五つの成分がある。二文節以上で組み立てられている成分は「～部」という。①の「のに」は接続助詞なので**接続部**である。④はほかの文節と関係を持たないので**独立部**。⑧は⑨に係る**連用修飾部**である。⑩もほかの文節と直接関係がない文節なので**独立語**。
4 (1)**イ**は連体詞，そのほかは副詞である。
(2)**ア**は形容動詞，そのほかは助動詞である。
5 「歩く/人/が/多く/なれ/ば/それ/が/道/に/なる/の/だ。」
上から四番目は「多く」で，形容詞の連用形。

1		
(1)	△CRQ	
(2)	△OPQ	

2	
	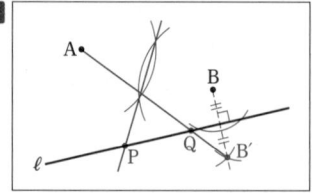

3		
(1)	54π cm^3	
(2)	51π cm^2	

4		
(1)	点 M，点 I	
(2)	右の図の実線	
(3)	右の図の×印	

1 (1)点 A，P，S はそれぞれ点 C，R，Q に移動する。
(2)線分 SP にそって平行移動させる。

2 (1)線分 AB の**垂直二等分線**と ℓ との交点を P とする。
(2)ℓ を**対称軸**にして B と線対称な点を B′ とし AB′ と ℓ との交点を Q とする。(A の対称な点をとってもよい)

3 できる回転体は，円柱と半球を組み合わせた立体である。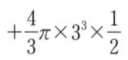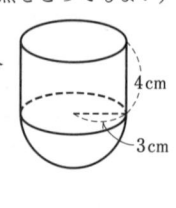
(1)$\pi \times 3^2 \times 4 + \dfrac{4}{3}\pi \times 3^3 \times \dfrac{1}{2}$

(2)$\pi \times 3^2 + 2\pi \times 3 \times 4 + 4\pi \times 3^2 \times \dfrac{1}{2}$

4 (2)(3)
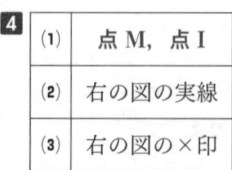

1

(1)	A	ウ
	B	ア
	C	イ
(2)	A	ア
	B	イ
	C	ウ

2

A	日本
B	アメリカ合衆国
C	メキシコ

3

(1)	b
(2)	100 m
(3)	2万5千分の1 (25000)
(4)	南西
(5)	C 針葉樹林
	D 田
(6)	E. × 交番
	F. 〒 神社
	G. 寺院 卍
	H. 官公署 ⌀

1 (1)日本はオーストラリアから石炭・鉄鉱石などを多く輸入している。また，サウジアラビアやアラブ首長国連邦(わんがん)などのペルシア湾岸の国々から原油(石油)(とくちょう)を多く輸入している。
(2)電力を得る方法は，国により特徴がある。日本は火力発電，フランスでは原子力発電，カナダでは水力発電の割合が高い。

2 0〜14歳の割合が低く，65歳以上の割合が高い順に，日本，アメリカ合衆国，メキシコの順となる。

3 (1)等高線の間隔(かんかく)が狭い(せま)ほど傾斜(けいしゃ)は急になる。
(3)2万5千分の1の地形図では，**計曲線**は50mごとに，**主曲線**は10mごとに記入されている。5万分の1では，計曲線は100m，主曲線は20mごとになる。
(4)地形図では，方位が記入されていない場合，地図の**上の方を北**とする。
(5)土地利用にかかわる基本的な地図記号は必ず覚えておこう。
(6)E. 警察署の地図記号は⊗である。

1

(1)	柱頭
(2)	ウ

2

(1)	エ
A	ア
B	ウ
C	イ

3

(1)	X	えら
	Y	肺
(2)	エ	

1 (1)Aは，めしべが成長し，種子ができたその先にあたるので，めしべの先の柱頭が変化したものである。
(2)ア〜エの中で種子(胚珠)(はいしゅ)がむき出しの裸子植物はイチョウだけである。

2 (1)種子をつくるのは種子植物，つくらないのはシダ植物とコケ植物である。シダ植物とコケ植物のうち，葉，茎(くき)，根の区別があるのはシダ植物，区別がないのはコケ植物。種子植物のうち，子房(しぼう)があるのは被子植物，子房がないのは裸子植物。被子植物のうち，子葉が2枚なのは双子葉類，子葉が1枚なのは単子葉類である。①はア，③はイ，④はウの特徴があてはまる。
(2)タンポポは双子葉類，イチョウは裸子植物，イネは単子葉類である。

3 (1)イモリは両生類に分類される。両生類の子はえらと皮膚(ひふ)で呼吸するが，親は肺と皮膚で呼吸する。魚類はえら，ほ乳類，鳥類，は虫類は肺(はい)で呼吸する。
(2)軟体動物(なんたい)には，アサリ，イカ，タコ，マイマイなどがいる。

1

(1)	ウ	(2)	イ	(3)	ア
(4)	イ	(5)	ウ		文法的に正しいかどうかを考えること。

2

(1)	Don't	(2)	under	(3)	Shall
(4)	have	(5)	at		

決まった表現を覚えておくことが大切。

3

(1)	Whose	(2)	time	(3)	They
(4)	Who	(5)	Why	(6)	When

4

①	カ	②	オ	③	エ

まず全体的な内容を把握すること。

1 (5)want のあとには不定詞が続く。**want to 〜**「〜したい」
2 (1)「〜してはいけない」**Don't 〜.**
(3)「(私が)〜しましょうか」**Shall I 〜?**
(4)「〜しなくてもよい」**don't have to 〜**
(5)「〜を見る」**look at 〜**
3 (1)「トムのものです」と答えているので，whose「誰の」を用いる。
(2)「今何時ですか」
(3)Ichiro and Misaki を受けて they となる。
(5)Because 〜. で答えているので，why「なぜ」を用いる。
(6)「誕生日はいつですか」when は時を尋ねるときに用いる。

1

(1)	ⓐ しかくてき	ⓑ かいして	(2)	イ		
(3)	ウ	(4)	エ	(5)	科学や	(6) エ
(7)	例 (平面の世界は) 地球が球であることからくる影響を受けている。(22字)					

論説文の問題では，文をていねいに読むことで筆者が文章を通して何を言おうとしているかを正しくとらえることができる。
(2)第三段落の最後の文に「人間が身体をとおして感じられる世界は平面であり」とあるから，イが正解である。
(3)「平面」とウの「北風」は上の字が下の字を修飾している。アの「増減」は反対の意味の字を，イの「温暖」は似た意味の字を組み合わせたもの。エの「不安」は上の字が否定を表している。
(4)「問い」とエの「偽り」は活用がないので名詞。アの「大きな」は，活用がなく「球」を修飾しているので連体詞。イの「歩い」は，活用があって言い切りが「歩く」とウ段なので動詞。ウの「遠い」も活用があるが，言い切りが「遠い」と「〜い」なので形容詞。
(5)筆者が——線部③のように実感するのは，直後にある「遠い外国まで飛行機で行くとき」である。「『飛行機』という言葉を使わずに」という条件があるので，これと同じ内容を表している部分を見つけ，初めの三字を抜き出す。
(6)「ざる」は否定を表しているので，「せざる」は「しない」という意味。最後に「ない」ともう一度否定があるので，「せざるをえない」は「しないわけにはいかない」と二重否定になる。
(7)最終段落の二文目以降はすべて一文目の例であるので，一文目の内容を「平面の世界は」に続くように書きかえる。

1

(1)	$8b^2$
(2)	$7x-8y$
(3)	$9a^3b$
(4)	$-5x$

2

$$a=\frac{7m-3b}{4}$$

3

例 連続する5つの整数は a，$a+1$，$a+2$，$a+3$，$a+4$ と表せる。これらの和は，
$a+(a+1)+(a+2)+(a+3)+(a+4)=5a+10=5(a+2)$
よって，$a+2$ は整数だから，$5(a+2)$ は5の倍数となる。

4

(1)	$x=2$，$y=1$
(2)	$x=11$，$y=-17$

5

$$a=-2,\ b=-4$$

6

太郎さんが家まで歩いた時間を x 分，図書館まで自転車で移動した時間を y 分とすると，

式
$$\begin{cases} x+y+5=18 \\ 80x+240y=2000 \end{cases}$$

答 午後4時12分

1 (2)（ ）を先にはずす。
(3)累乗を先に計算する。
$$3ab^2\times(-8a^3)\times\left(-\frac{3}{8ab}\right)$$
(4) $2(2x-3y)-3(3x-2y)$ と先に分母をはらう。

4 (2)係数を整数に直して解く。

5
$$\begin{cases} a+6=-b \\ 6a=-8+b \end{cases}$$ から，
a，b の値を求める。

6 は，はじめに何を x，y とおくかを必ず書くこと。

1

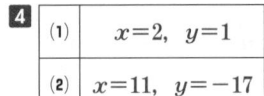

2

(1)	リアス海岸
(2)	ア

3

4

A	ウ
B	ア

1 排他的経済水域は沿岸から200海里（約370 km）の海域であり，s までは含まれない。q は知床，p は石狩平野，r は択捉島をそれぞれ示している。

2 (2)工業出荷額に注目し，アとエが多く，畜産生産額の多いアが a の兵庫県，もう一方のエが c の大阪府だとわかる。また，国宝・重要文化財の指定件数がもっとも多いイが b の京都府，その次に多いウが d の奈良県と判断する。

3 表のそれぞれの項目でもっとも高い数値に着目する。人口と工業出荷額がもっとも多い X は，地方中枢都市のある広島県。野菜の産出額がもっとも高い Y は，促成栽培が盛んな高知県。果実の産出額がもっとも多い Z は，みかんの栽培がさかんな愛媛県。

4 表のそれぞれの項目でもっとも高い数値に着目する。大豆の収穫量が多いウとエは，筑紫平野が広がる福岡県と佐賀県のどちらかであり，金属製品の出荷額等や宿泊旅行者数の多いウを福岡県と考え，エが佐賀県となる。また，ブロイラーの産出額が多いアが宮崎県であり，残るイが沖縄県である。

1

(1)	E
(2)	例 流れる水のはたらきによって角がけずられたから。
(3)	あたたかくて浅い海。

2

(1)	例 マグマが地下の深いところで，ゆっくり冷えてできた。
(2)	セキエイ（石英）
(3)	砂岩

3

(1)	初期微動
(2)	例 震央から離れるほど，P波とS波の到着時刻の差が大きくなるから。

1 (1)地層は上下の逆転や断層がなければ，下にある地層ほど古い。
(2)地層に含まれるれきや砂や泥は，流れる水のはたらきによって角がけずられ，丸みを帯びている。
(3)サンゴは，あたたかく浅い海に生息する。このように，地層が堆積した当時の環境を示す化石を示相化石という。

2 (1)図Iのような等粒状組織は，マグマがゆっくり冷えたときにできる。
(2)無色鉱物には，チョウ石とセキエイがある。
(3)粒の直径が，れき岩は2 mm以上，泥岩は0.06 mm以下。砂岩は2〜0.06 mm。粒は丸みを帯びている。

3 (1)t のあとの大きなゆれを主要動という。
(2)地震が起こると，震源から速さの違う P波（6〜8 km/s），S波（3〜5 km/s）が同時に発生する。P波が先に到着してS波が到着するまでの時間を初期微動継続時間という。

1

(1)	イ	(2)	イ	(3)	イ
(4)	ウ	(5)	ア	(6)	イ

文法的に正しいものを選ぶこと。

2

(1)	How much	(2)	more difficult
(3)	to study	(4)	There are
(5)	Stop watching	(6)	were ┆ doing

決まった言い方がないかを考える。

3

(1)	How many	(2)	Which
(3)	How	(4)	Who
(5)	Why		

まず応答の文の意味を理解すること。

1 (1)last week があるので過去の文である。
(2)enjoy のあとの動詞は 〜ing 形にする。
(4)「飲み〔食べ〕物」something to drink(eat)

2 (2)difficult のようなつづりの長い形容詞は more を用いて比較級にする。　(4)「〜がある」There is(are) 〜.
(5)「〜するのをやめる」stop 〜ing

3 (1)数を尋ねるときは〈How many＋名詞の複数形〜?〉
(3)天候を尋ねるときは How で始める。

1

(1)	おこった	(2)	エ
(3)	においが	(4)	ウ

　小説では**場面や情景**をとらえることが大事である。人物の**心情**は，同じ立場に自分をおきかえて考えるととらえやすい。また，登場人物の行動，態度や表情，言葉づかいにも注意すること。

(1)直前の母親の会話を押さえ，母親がまた同じ内容のことを言っている部分をさがせばよい。母親は，「与吉」が少しも家に帰ってこないことに対して「おこった」ような口調になっているのである。

(2)「正月以来，ちょうどひと月ぶり」に会うことのできたわが子に対する母親の気持ちを想像してみるとよくわかる。わが子のことを心配しているのである。

(3)主述の関係を押さえる。「何が」「つつんだ」のかを考えてみるとよくわかる。「一文節で」を忘れないように。うっかりすると「におい」と単語で答えてしまう。

(4)**主題の読み取り**が問われている。家族と離れて働くわびしさよりも，仕事でうでも太くなり，一人前の仕事をしている充実感が「日一日とつつみがりっぱにでけていくんや，楽しみでうちなんかかえっておれん」という与吉の言葉によく表れている。作者がその作品で言おうとする中心的な考え(作品の中心思想)を**主題**という。

1

(1)	$y=-\dfrac{3}{2}x+6$
(2)	$y=3x-1$
(3)	$a=-8$
(4)	$m=\dfrac{4}{3}$

2

(1)	$y=4x$
(2)	$y=4x-16$
(3)	$(4,\ 0)$

3

(1)	800 L
(2)	130 L
(3)	250 時間後

1 (1)**平行な直線は傾きが同じ**である。

(2)直線の式を $y=ax+b$ として，2点の座標をそれぞれ代入して求める。

(3)交点の座標は $(6,\ 4)$ だから，$x=6$，$y=4$ を $y=2x+a$ に代入する。

(4)y 軸上の点 $\left(0,\ \dfrac{2}{3}\right)$ を通る。

2 (2)$y=4x+b$ とおいて，$x=5$，$y=4$ を代入する。

(3) △OAD と △OAP の底辺をそれぞれ AD，OP とすると高さは等しいので，△OAD=△OAP のとき，AD=OP=5-1=4

3 (1)1 時間あたり 30 L 消費されるから，$200+30×20=800(L)$

(2)傾きから 1 時間あたり 100 L 増えていることがわかるが，その間も 1 時間あたり 30 L 消費されている点に着目する。

(3)80 時間後の燃料 A の残量は，$1700-30×(80-35)=350(L)$

だから，80 時間後の燃料 B の残量は 1050 L とわかる。

$(0,\ 1450)$ と $(80,\ 1050)$ の傾きから，燃料 B の残量の式は $y=-5x+1450$

$200=-5x+1450$ より，$x=250$

1

(1)	①	ウ
	②	イ
(2)	①	エ
	②	イ

2

(1)	卑弥呼	ウ
(2)	古墳	イ
(3)	十七条(の)憲法	ア
(4)	大化の改新	オ
(5)	聖武	エ

3

(1)	①	エ
	②	ウ
	③	イ
	④	オ
(2)	①	6
	②	口分田
	③	租
(3)	例 娘を天皇のきさきにし，その子を天皇にたてた。	

1 (1)①はくさび形文字なので，メソポタミア文明の**ウ**と関係が深い。②はピラミッドなので，エジプト文明の**イ**が正解となる。

(2)三大宗教のうち，キリスト教はイエスによって，イスラム教はムハンマドによって，仏教はシャカ(釈迦)によって始められた。

2 (1)邪馬台国については，「魏志倭人伝」に記されている。

(2)3 世紀後半に奈良盆地を中心とする地方に大和政権が生まれた時代，朝鮮半島から渡来人が日本に多く移住した。

(4)645 年，中大兄皇子は中臣鎌足らと協力して蘇我氏をたおし，政治の改革を進めた。このとき初めて日本で年号が使われたといわれる。

(5)正倉院には，聖武天皇が使用していたものが多く納められている。

3 (2)②口分田の不足により，朝廷は墾田永年私財法を出し，開墾をすすめた。

(3)藤原氏は天皇が幼いときには摂政に，天皇が成長すると天皇を補佐する関白につき，政治の実権をにぎった。

1

(1)	イ
(2) ①	350 mA
②	7 V
(3)	20 Ω

2

(1)	d
(2)	b, c
(3)	c

3

(1)	電子
(2)	一極

1 (1)問題文から 8 V より大きく，その中でも最も小さな端子を用いる。

(2)① 500 mA の端子につないでいるので，電流計の下の目盛り(50 mA 端子の目盛り)を 10 倍して読む。

②電流と電圧は比例の関係にある。グラフより，電流 0.1 A に対して電圧 2 V がかかるので，$(0.35÷0.1)×2=7〔V〕$

(3)**抵抗＝電圧÷電流** より，$7〔V〕÷0.35〔A〕=20〔Ω〕$

2 (1)(2)**直列**回路では，それぞれの豆電球にかかる電圧は乾電池の電圧より小さくなる。一方，**並列**回路では，それぞれの豆電球には乾電池と同じ電圧がかかる。結果，直列回路では流れる電流は小さくなり，並列回路では豆電球の明るさが 1 個の場合と同じになる。

(3)並列回路では，一方の豆電球をはずしても，もう一方は点灯している。

3 (1)−の電気を帯びた電子の流れによって，蛍光板が光る。この光る線を陰極線(電子線)という。

(2)陰極線は＋極側へ曲がる。電極 A，**C**は−極，電極 B，D は＋極となる。

1
(1)	エ	(2)	カ	(3)	ア	(4)	オ

2
(1)	オ	(2)	ウ	(3)	ア
(4)	キ	(5)	イ		

前の文と後の文の意味をきちんと理解すること。

3
イ

まず対話の流れをつかむこと。

1 答えを含むせりふは以下の通り。
(1)「すみません。ここに座ってもいいですか」
(2)「もしもし。こちらはリサです。マイクと話したいのですが」
(3)「この色は気に入りません。別のものを見せてください」
(4)「窓を開けましょうか」
2 (1) **when ～**「～したとき」という意味の文を続ける。
(2)「～だと思う」を表す接続詞 that のあとは内容を表す文が続く。
(3) 2つの命令文が and で結ばれている。
(4) **because** は**理由**を表すときに使う。
(5) **if ～**は「もし～ならば」という**条件**を表す。

1
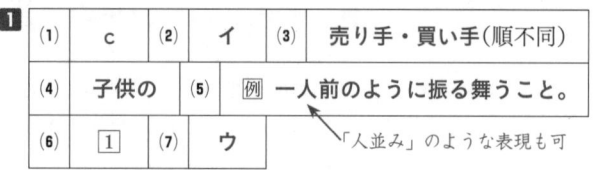

(1)	c	(2)	イ	(3)	売り手・買い手(順不同)
(4)	子供の	(5)	例 一人前のように振る舞うこと。		
(6)	1	(7)	ウ		

「人並み」のような表現も可

(1) c の「ない」は「ぬ」とおきかえることができるので助動詞。ほかは形容詞である。
(2) A には、「弁当箱の蓋を開け」て、食事をする前に言う言葉が入る。B には、アルバイトの女の子が「朝から晩まで」売り場に立って言っている言葉が入るので、**イ**が正解。
(3) ——線部①の前に「フェアな取引ならば」とあるので、商売において取引をする人を表した言葉をそれぞれ三字で見つける。
(4) 5段落の初めの文に着目する。この文にある「『買ってやったぞ。』とお客様面をしていた」とき、筆者は「王様」のような気持ちになっているのである。
(6) 挿入文に「ありがとうございます。」とあるから、「ありがとうございます。」という言葉について書かれている段落を探す。2段落の最初と最後に挿入文をあてはめてみて、文脈が自然なほうが答えとなる。
(7) 3段落の最後の文に着目する。**エ**は、筆者が子供のころ「お客様面をしていた」のは、「小学生でもいっぱしの消費者として扱われた結果」であるから不適である。

1
(1)	45°
(2)	115°
(3)	40°
(4)	25°

(1)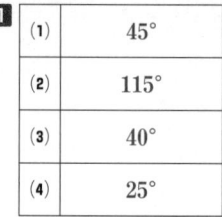

(2) 2(∠EBC+∠ECB)+100°+130°=360°
(3) AE と BC の交点、DE と BC の交点をそれぞれ P、Q とする。
△ABP より、∠EPQ=25°+35°=60°
△CDQ より、∠EQP=30°+50°=80°
∠x=180°-60°-80°=40°
(4) 正五角形の1つの内角は、108°

2 例 △ADC と △EDB において、
仮定より、CD=BD ……①　AD=ED ……②
対頂角は等しいから、∠ADC=∠EDB ……③
①、②、③より、2組の辺とその間の角がそれぞれ等しいから、△ADC≡△EDB　よって、∠DAC=∠DEB
錯角が等しいから、AC∥BE

3 例 △AFD と △CGE において、仮定より、AD=CE …①
AB∥GC より、錯角は等しいから、∠FAD=∠GCE …②
FD∥BG より、同位角は等しいから、∠ADF=∠AEB …③
対頂角は等しいから、∠CEG=∠AEB …④
③、④から、∠ADF=∠CEG …⑤
①、②、⑤より、1組の辺とその両端の角がそれぞれ等しいから、△AFD≡△CGE

1
(1)	① エ	② ウ
	③ カ	④ イ
	⑤ オ	⑥ ア
(2)	① G	② D
	③ B	

(3)	a	守護
	b	地頭
	c	執権
	d	元(モンゴル)
	e	(永仁の)徳政令

2
(1)	勘合
(2)	ハングル文字
(3)	琉球王国
(4)	アイヌ 民族

3
①	キ
②	カ
③	ウ
④	ア
⑤	オ
⑥	ケ

1 (2)①応仁の乱は、将軍の後継問題などを背景に、1467年に始まった。②承久の乱は1221年に後鳥羽上皇が鎌倉幕府に対し兵をあげたが敗れた乱。以後、幕府は京都に六波羅探題を置いて朝廷を監視した。③保元の乱(1156年)は、平治の乱(1159年)とともに武士の中央進出のきっかけとなった。
(3) c 北条氏は執権の地位を独占し、執権政治を行った。管領は室町幕府に置かれた役職。d 元軍は2度にわたり日本に襲来した(文永の役・弘安の役)。
2 (1)倭寇と区別するために、正式な貿易船に勘合をもたせた。
(4)蝦夷地への和人(本州の人々)の進出が進むと、アイヌの人々は圧迫を受けて、蜂起することもあった。
3 ①新古今和歌集…藤原定家・西行などの和歌が収められている。
④能…猿楽や田楽などが、観阿弥・世阿弥親子により能として大成された。
⑤雪舟…中国に渡って絵画を学び、帰国後、日本の水墨画を完成させた。
⑥金閣…足利義満が京都の北山に別荘として建てた。

(1)	エ
(2)	大きくなった

1 (1)ロウが液体から固体になるときは体積が小さくなる。このとき，中央部がくぼむのは，まわりから固まっていくからである。
(2)質量は変わらないので，体積が小さくなった分だけ，密度は大きくなる。

(1)	エ
(2)	CuO
(3)	右の図
(4)	12.5 g

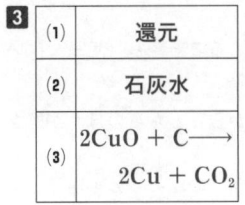

2 (3)表より，酸化銅の質量から銅の質量を引き，結びついた酸素の質量を求める。
(4)表より，銅：酸化銅＝4：5 なので，求める酸化銅の質量を x〔g〕とすると，
$10 : x = 4 : 5$　$x = 12.5$〔g〕

(1)	還元
(2)	石灰水
(3)	$2CuO + C \longrightarrow 2Cu + CO_2$

3 (1)酸化銅は，炭素により還元されて銅となる。
(2)液体Yが白くにごったことから，液体Yは石灰水で，発生した気体は二酸化炭素だとわかる。
(3)酸化銅＋炭素──→銅＋二酸化炭素という反応である。反応式の左右で原子の種類と数が等しくなるようにする。

(1)	by	(2)	about	(3)	between
(4)	during	(5)	of		

(1)	another	(2)	with	(3)	interested

(1)	イ	(2)	ウ	(3)	エ	(4)	ア

対話の流れをきちんとつかむことが大切。

1 (3)between A and B「AとBの間に」
(5)〈the＋最上級＋of(in) ～〉の形。of と in は，あとに続く語が複数を表すか範囲(場所)を表すかで使い分ける。
2 (1)「別の，もう一つの」another
(2)with には，「～といっしょに」の他に，「～を持った」「～がある」という意味がある。
3 (1)「質問してもいいですか」という疑問文を入れる。それに対して，Sure.「いいわよ」と答えている。
(2)Sorry? というのは聞き返すときに用いる表現なので，聞き返したり，もう一度言ってほしいという文が入る。
(4)You, too. は「あなたも」という意味。

(1)	A 新しい靴	B 疲れた靴	(2)	エ	

(1)	C	(2)	A

(1)	季語 万緑　季節 夏	(2)	イ

1 (1)詩の中の，子どもの靴と大人の靴の状態を対比させて表現している言葉に着目する。
(2)──線部をふくむ段落の内容をつかむ。「詩人がたまたま見た日常の寸景」は，玄関に小さな靴がおいてある情景である。「詩人のまなざし」は，「そして」ではじまる段落の「孫へ向けられた祖母，つまり詩人その人の愛情」である。これらをまとめたエが正解である。
2 (1)「交互に鳴いて」は，C の短歌の「かはるがはるに」が，「直喩」は，「谺のごとし」が，それぞれ該当する。「ごとし」は「～のようだ」という意味。
(2)「数詞」はAの短歌の「ひと夜」「二夜」が，「同じ言葉の繰り返し」は，「啼きし」「啼きて」が該当する。「今日なし」とは，姿の見えない鳥が，どこかへ飛び去ったことを想像させる。
3 (1)「万緑」とは，あたり一面が草木の緑に覆われていること。季節は夏である。
(2)わが子に歯が生え始めたことを喜んでいる句である。緑の中の歯の白という色の対比もおさえておく。

(1)	54°
(2)	110°

	1.2 cm

1 (1)$\angle x = 180° - 63° \times 2$
(2)$\angle CDE = \angle CED = 70°$
2 △AED と △BCF はともに二等辺三角形だから，
AD＝DE＝3 cm
BC＝CF＝3 cm
よって，EF＝3＋3－4.8＝1.2(cm)

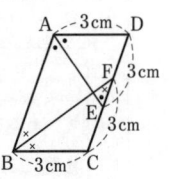

3 (1)例 △BPC と △DPC において，PC は共通 ……①
仮定より，BC＝DC ……②　∠BCP＝∠DCP ……③
①，②，③より，2組の辺とその間の角がそれぞれ等しいから，△BPC≡△DPC　よって，∠PBC＝∠PDC
∠CMB＝90°－∠PBC＝90°－∠PDC＝∠PDA

(2)	24 cm²

3 (2)$\triangle PCD = \frac{2}{3}\triangle MBC = \frac{2}{3} \times \frac{1}{4} \times 144 = 24$

4 (1)例 △AMB と △EMC において，
仮定より，BM＝CM ……①
対頂角は等しいから，∠AMB＝∠EMC ……②
AB∥DE より，∠ABM＝∠ECM ……③
①，②，③より，1組の辺とその両端の角がそれぞれ等しいから，△AMB≡△EMC　よって，AM＝EM ……④
①，④より，対角線がそれぞれの中点で交わるから，四角形 ABEC は平行四辺形である。

(2)	AD＝AE の二等辺三角形

4 (2)AE＝BC，BC＝AD だから，AD＝AE

1

(1)	例 幕府に許可なく城を修理
(2)	① ア
	② エ
(3)	水野忠邦
(4)	朝鮮通信使（通信使）

2

(1)	エ
(2)	例 将軍から1万石以上の領地を与えられた武士。
(3)	ア→エ→ウ→イ

1 (1)大阪の陣で豊臣氏がほろんだ年は1615年で，この年に2代将軍の徳川秀忠によって武家諸法度が発布された。3代将軍家光の時代に改定された武家諸法度では，参勤交代の制が取り入れられた。
(2)①イの銀座は，江戸時代に銀貨を鋳造した施設。②ウの朱印船は，徳川家康が海外への渡航を許可した朱印状をもった船のこと。
(3)天保の改革と呼ばれる政治改革を行ったのは，老中の水野忠邦である。
(4)豊臣秀吉の朝鮮侵略によって，日本と朝鮮の関係は悪化していたが，1607年，対馬藩の努力で日本と朝鮮の間の国交が回復した。

2 (1)エは元禄時代の人形浄瑠璃の台本作家。アの俵屋宗達は江戸初期の画家，イの与謝蕪村は江戸中期の俳人，ウの菱川師宣は元禄時代の浮世絵師である。
(2)大名には，親藩・譜代大名・外様大名があった。
(3)アは徳川吉宗の時代のこと。エは田沼意次の時代のこと，ウは松平定信の時代，イは水野忠邦の時代である。

1

(1)	a	イ
	b	ウ
	c	ア
(2)		例 体温に近い温度であり，消化酵素がよくはたらくから。

2

(1)	呼吸
(2)	例 アンモニアを尿素に変える。
(3)	例 たくさんの柔毛があり，表面積を大きくしている。
(4)	脊髄

3

(1)	道管
(2)	師管
(3)	気孔

1 (1)デンプンは，だ液のはたらきで麦芽糖に変わる。麦芽糖はヨウ素液には反応しないが，ベネジクト液には反応する。この実験のように，同じ条件のもとでだ液と水のはたらきを比較するような実験を対照実験という。
(2)だ液などの消化液に含まれる消化酵素は，体温に近い温度でよくはたらく。

2 (1)ヒトは肺で呼吸する。
(2)肝臓は，タンパク質の分解でできた有害なアンモニアを無害な尿素に変える。尿素はじん臓でこしとられ，尿として排出される。
(3)柔毛は非常に小さいので，表面積が大きくなる。そのため，栄養分を吸収する効率がよくなる。
(4)反射といわれる反応で，命令の信号は脊髄で出される。

3 (1)(2)水は道管を通り，デンプンなどの養分は師管を通って全身に運ばれる。
(3)気孔は主に葉の裏側に多くあり，酸素や二酸化炭素，水蒸気が出入りする。

1

(1)	easy	(2)	either	(3)	run
(4)	Which				

2

(1)	What time is it (now)? (What's the time?)
(2)	Where do you want to go in Japan?
(3)	Will (Can/Would/Could) you tell me the way to the library?

3

例 Mr. Brown is twenty five years old.
例 Mr. Brown's hobby is watching baseball games.

1 (1)「難しくはない」と言っていることから「かんたんな」となる。
(2)either「〜もまた…ない」を用いて，「もしあなたが行かないなら，私も行きません」という意味にする。
(3)「ゆっくり歩いてください」と言っていることから「走ってはいけません」となる。
(4)「野球がより好き」と答えていることから「どちらのほうが好きですか」と尋ねられたと考える。

2 (1)「何時」は What time。この it は時間・天候などを表す。
(2)「行きたい場所」→「どこへ行きたいか」
(3)「道を教えてくれませんか」と尋ねるときには tell を使う。

3 メモにある4つの情報のうち，2つを選んで英文を作る。

1

(1)	イ	(2)	おおけな	(3)	エ

2

(1)	ア	(2)	施す所有り
(3)	王者の政		

1 「宇治拾遺物語」は，鎌倉時代初期に成立した説話集。説話や民話などを通して，民衆の生活感情や人間性が豊かに表現されている。本文は，歌中に題として出されたものを隠し詠む「隠題」を，分不相応だと思われた子どもが見事にやってのけたことのおもしろさについて書かれたものである。
(1)「わろし」には「劣っている，聞こえが悪い」などの意味があるが，文章の内容から考えて「上手ではない」と訳される。
(2)語頭以外のハ行は「わ・い・う・え・お」で読む。「おほけな」は，「おほけなし」を詠嘆を込めて表現した形。
(3)本文中では「さまにも似ず」という表現が二回出てくる。二回目は，分不相応のように思えた子どもが隠題を見事に詠んだことを指していることに注意しよう。

2 (1)「之を化し」の部分の意味は，「之を徳で教え導き」となるので，政治において，徳で教え導かれる人は，アの人民である。
(2)レ点は下の字を先に読む。読もうと思った字にレ点がついているときは，それを読まずにその下を先に読み，上に戻っていく。
(3)「而して」よりあとの部分に着目する。「之を化するを貴と為す」のであるから，「之を化し」ている政治である「王者の政」が答えとなる。

1		
	(1)	$\dfrac{1}{6}$
	(2)	$\dfrac{7}{10}$

2		
	(1)	$\dfrac{1}{10}$
	(2)	$\dfrac{2}{5}$

3		
	(1)	0.51
	(2)	ア，エ

4	
	ウ

1 (1)目の出方は**全部で 36 通り**である。

2 (1)3，4，5 のカードが残る場合を考える。

(2)1 のカードが残ると，一の位の数はいつも 1 になることに注意する。

1 回目に取り出したカードの数をa，2 回目に取り出したカードの数をcとして，$(a, c)→10a+b$ の値と表すと，$(1, 2)→13$，$(1, 3)→12$，$(1, 4)→12$，$(1, 5)→12$，$(2, 1)→23$，$(2, 3)→21$，$(2, 4)→21$，$(2, 5)→21$，$(3, 1)→32$，$(3, 2)→31$，$(3, 4)→31$，$(3, 5)→31$，$(4, 1)→42$，$(4, 2)→41$，$(4, 3)→41$，$(4, 5)→41$，$(5, 1)→52$，$(5, 2)→51$，$(5, 3)→51$，$(5, 4)→51$ だから，素数は 20 個中 8 個。

3 (1)$(7+5+25)÷73=0.506\cdots$

(2)**イ**と**ウ**は両校ともに等しい。

4 箱ひげ図で平均値は「＋」で表すことがある。

1			
	(1)	A	イ
		B	カ
		C	ア
		D	ウ
		E	オ
		F	エ
	(2)	①	下田
		②	遼東
	(3)	①	A
		②	E
		③	D
		④	F
		⑤	C
	(4)	例 アメリカに領事裁判権が認められていた。	
	(5)	吉田茂	

2		
	(1)	ア→ウ→イ
	(2)	イ→ウ→ア
	(3)	ウ→イ→ア
	(4)	イ→ア→ウ
	(5)	イ→ウ→ア
	(6)	ウ→イ→ア

1 (1)A 1854 年の日米和親条約。B 1858 年の日米修好通商条約。函館・神奈川（横浜）・長崎・新潟・兵庫（神戸）の 5 港を開くことを認めた。C 日清戦争の下関条約。D 日露戦争のポーツマス条約。アメリカの仲介により結ばれた。E 日本に無条件降伏を求めたポツダム宣言。F アメリカなど 48 か国と結んだサンフランシスコ平和条約。ソ連は調印しなかった。

(4)関税自主権がない，領事裁判権を認めるという点で日本にとって不利な不平等条約であった。

2 (1)満州事変（1931 年）→日中戦争（1937〜45 年）→太平洋戦争（1941〜45 年）。

(2)民撰議院設立の建白書（1874 年）→西南戦争（1877 年）→大日本帝国憲法発布（1889 年）。

(3)安政の大獄（1858〜59 年）→大政奉還（1867 年）→地租改正（1873 年）。

(4)イギリスのピューリタン革命（1640〜60 年）→フランス革命（1789 年）→ロシア革命（1917 年）。

(5)東海道新幹線開通（1964 年）→沖縄の日本復帰（1972 年）→日中平和友好条約（1978 年）。

1		
	(1)	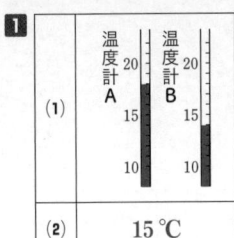
	(2)	15 ℃

2		
	(1)	温暖前線
	(2)	例 雲が増えて，雨になる。
	(3)	① 寒気
		② 暖気
		③ 寒気
	(4)	例 ふくらむ。

3		
	(1)	右の図
	(2)	① イ
		② エ
		③ ▽▽▽

1 (1)乾球の読みは 18 ℃（＝気温）。湿度 62 ％なので，**表 1** より，乾球と湿球の差は 4 ℃とわかる。よって，湿球は 14 ℃になる。

(2)露点が 4 ℃なので，**表 2** より，1 m^3 中の水蒸気量は 6.4 g となる。湿度 50 ％の部屋なので，**飽和水蒸気量**は $6.4÷0.5=12.8$〔g〕となる。よって**表 2** より，室温が 15 ℃とわかる。

2 (3)寒冷前線は，寒気が暖気の下にもぐりこみ，積乱雲ができる。温暖前線は，暖気が寒気の上をはい上がり，乱層雲ができる。

(4)空気には重さがある。そのため，地上からの高度が高くなるほど，上空にある空気の重さが小さくなり，大気圧は小さくなる。

3 (2)強い雨と風をともなった前線であることから**寒冷前線**と考えられる。寒冷前線の通過により気温は下がり，風向は北よりに変わる。これは 21 時から 24 時ごろにあたる。

1	
(1)	We were eating(having) dinner then.
(2)	Can(Will) you show me another bag?
(3)	I have nothing to do today.
(4)	English is spoken in Australia.
(5)	Do you know how to cook fish?

2	
例	The most important thing in my life is my friends. I study, play, and talk with them. When I am in trouble, they always help me. My friends are just like treasures for me.

1 (1)「〜していた」は過去進行形〈**be 動詞の過去形＋〜ing**〉で表す。

(2)「〜してもらえますか」とお願いする言い方は〈**Can(Will) you 〜?**〉で表す。「〜していただけませんか」とていねいにお願いするときは〈**Could(Would) you 〜?**〉で表すことができる。

(3)不定詞の形容詞的用法「（名詞＋to＋動詞の原形）」を使った表現。「何も〜ない」は〈**don't have any 〜**〉，または〈**have no 〜**〉で表す。ここでは語数から判断して後者を使う。

(4)受け身〈**be 動詞＋過去分詞**〉を使った表現。

(5)「〜のしかた」は〈**how to 〜**〉で表す。

2 質問文は「あなたの人生で最も大切なもの（こと）は何ですか。また，そう考える理由は何ですか。」というものである。30 語以上であれば何語で書いてもよいが，1 文が長すぎたり短すぎたりすると読みにくいので，4〜5 文程度で書くことを目安とするとよい。

1

(1)	イ	(2)	ウ
(3)	A	ぬれた茎	
	B	しみ込むことは少ない	

2

(1)	回数券の最後の一枚	(2)	七	(3)	B
(4)	例 新しい回数券を買うと母の退院がのびる（と思ったから。）（19字）				

1 (1)——線部①の次の段落に着目する。「断面が三角形の茎はしなりにくいが，そのかわり頑丈である」「カサスゲのこの**丈夫な繊維**が，笠を編む材料として非常に適している」と，その「理由」が述べられている。

(2)【　】内に「**三角形の茎**」とある。第二段落に「カヤツリグサ科の植物の多くは茎の断面が三角形をしている」と書かれていることからもわかる。また，【　】内の，「三角形の茎では**中心からの距離がまちまち**……隅の細胞までは水が届きにくい」から，矢印が三角形の隅をさしている**ウ**が適する。

(3)——線部②の疑問に対して，**最後の段落でカサスゲの茎の優れた点が述べられている。**カサスゲの茎は，「一度ぬれてしまえば……ぬれた茎を伝って……雨水が中までしみ込むことは少ない」と述べられている。ここからあてはまる言葉を抜き出す。

2 (1)——線部①の直前に「最後から二枚目の回数券を——今日，使った」とあることから，「表紙を兼ねた十一枚目の券」が**最後の一枚**であることがわかる。これを手がかりに，似た表現の言葉を探す。すると，バスの中の場面で「回数券の最後の一枚」が見つかる。

(2)「必死に」は，言い切りの形が「必死だ」となる形容動詞の連用形なので，一つの単語である。「嚙んで」は，動詞「嚙む」の連用形の撥音便の形に接続助詞「で」が付いた形なので，二つの単語からできている。「我慢し」は，サ行変格活用動詞「我慢する」の連用形なので一つの単語である。「た」は，助動詞なので一つの単語である。

(3)【A】から【E】は，少年が「回数券を使わなければ，家に帰れない」状況でバスに乗っている場面である。【A】の前では「泣きだしそうになっ」たが，「涙をこらえ」ている。ところが，抜き出された一文には，「月が，じわじわとにじみ，揺れはじめた」とあるので，ここから少年の目に涙があふれ出したことがわかる。この状況の変化に合うのは，【A】のあとの「急に悲しみが胸に込み上げてきた」と【B】のあとの「うずくまるような格好で泣いた」の間である。

(4)回数券はあと一枚残っているのに，なぜ「明日からお小遣いでバスに乗ることにした」のかを読み取る。その理由は，文章の後半にある，最後の回数券を使わざるをえなくなったバスの中での運転手の河野さんとのやりとりからわかる。少年は，最後の一枚の「回数券を使いたくない」理由として，「新しい回数券を買うと，そのぶん，**母の退院の日が遠ざかってしまう**」と思っているからだと伝えている。この部分を「……と思ったから。」に続くようにまとめる。

1

(1)	1
(2)	1
(3)	$2a$
(4)	$\dfrac{11x-4y}{12}$

2

(1)	$x=-2,\ y=3$	
(2)	$a=7$	
(3)	∠x	105°
	∠y	50°
(4)	98°	

3

(1)	85%	
(2)	x	6
	y	8
(3)	26.5分	

5

(1)	$y=\dfrac{2}{3}x+4$
(2)	$\left(\dfrac{3}{2},\ 5\right)$
(3)	16 cm²
(4)	$\left(\dfrac{8}{3},\ 0\right),\ \left(\dfrac{1}{2},\ \dfrac{13}{3}\right)$

6

方程式	$\begin{cases} y=12x \\ 800-y=68x \end{cases}$
速さ	毎秒 10 m
長さ	120 m

1 (2) $\dfrac{7}{40}\div\dfrac{1}{2}+\left(4-\dfrac{3}{4}\right)\div5$ と直す。

(4) $\dfrac{3(5x-2y)-2(2x-y)}{12}$ として分子を計算する。

2 (1) $\begin{cases} 5x+6y=8 \\ -2x+\dfrac{4}{3}y=8 \end{cases}$ を解く。

(2) $y=4x+6$ と $y=-2x+12$ の交点を $y=ax+3$ が通ると考える。

(3)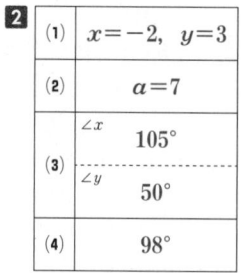

(4)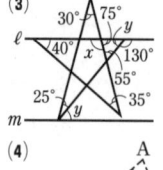

3 (1) 40分以上の生徒の人数をもとにして，$100-(4+2)\div40\times100=85$（%）

(2) 20分以上30分未満の累積度数は，$0.65\times40=26$ より，$x=26-5-15=6$

(3) $(5\times5+15\times6+25\times15+35\times8+45\times4+55\times2)\div40=26.5$（分）

4 (1) 例 △BAE と △DFA において，
2つの直角二等辺三角形より，EB＝BC，DC＝FD
▱ABCD より，BC＝AD，AB＝DC
ゆえに，EB＝AD ……① AB＝FD ……②
▱ABCD より，∠ABC＝∠CDA＝124°
∠ABE＝360°−∠ABC−90°＝146°
∠FDA＝360°−∠CDA−90°＝146°
よって，∠ABE＝∠FDA ……③
①，②，③より，2組の辺とその間の角がそれぞれ等しいから，△BAE≡△DFA

(2)	90°

4 (2) ∠BAD＝180°−124°＝56°
∠AEB＋∠BAE＝180°−146°＝34°
ゆえに，∠EAF＝56°＋34°＝90°

5 (3)直線 m と x 軸との交点をDとして，△ACD−△OBD で求める。

(4)OA 上の点 P を $(t,\ 0)$ とすると，$\dfrac{1}{2}\times t\times3=4$　$t=\dfrac{8}{3}$ より，$P\left(\dfrac{8}{3},\ 0\right)$

もう1つの点Pは $\left(\dfrac{8}{3},\ 0\right)$ を通りOBに平行な直線 $y=-2x+\dfrac{16}{3}$ と直線 m との交点である。

6 列車の最後尾がトンネルに入って，先端が出るまでは68秒間かかっている。

1

(1)	南緯40度
	西経100度
(2)	C
(3)	例 ユーラシア大陸の東，太平洋の西に位置します。
(4)	B
(5)	記号　ア
	理由　例 年間を通して降水量が少ないことから，砂漠気候と判断できるため。
(6)	① コーヒー豆
	② 小麦
	③ 羊毛
	④ 米

1 (1)この地図では，緯度・経度とも20度ごとに引かれている。西経は**本初子午線**または180度の経線から数える。
(2)東経に位置し，**日付変更線**に近いほど，午前0時を早くむかえる。
(3)下線部を落とさないこと。**太平洋の北西**でもよい。
(4)②は**D**のアメリカ合衆国で，日本からの渡航者数が減少傾向にあるが，**B**の中国へは増加傾向にある。③は**C**のオーストラリアである。
(5)年中比較的気温が高く，降水量が極端に少ないことから砂漠気候であることがわかる。
(6)小麦の輸出量はロシアが1位でアメリカ合衆国，カナダ，フランスが上位にくる。コーヒー豆はブラジル，米はインドが輸出量1位であり，羊毛の輸出量はその多くをオーストラリアが占める。

2

15兆円以上
10兆円以上15兆円未満
5兆円以上10兆円未満
5兆円未満

例 製品の輸送の便のよい太平洋側の臨海部に多い。

2 表をしっかり読み取ろう。また日本の都道府県の位置と名前は確実に覚えておこう。
交通網が発達し，人口や産業の集中する北九州から瀬戸内，関東地方にかけた太平洋岸の地域を**太平洋ベルト**と呼ぶ。

3

(1)	金印
(2)	イ
(3)	イ
(4)	コロンブス
(5)	ア
(6) ①	ウ
(6) ②	参勤交代
(6) ③	A　エ
	B　イ
(7)	例 工場では蒸気機関を動力とする機械によって大量生産が可能になり，製品を蒸気機関車の走る鉄道で一度に大量に移動させることができるようになった。

3 (1)志賀島で発見された**金印**には「**漢委奴国王**」と刻まれていた。
(2)**ア**は仏教，**ウ**はキリスト教，**エ**はバラモン教とヒンドゥー教の教えが書かれたもの。
(3)**ア**は飛鳥時代，**ウ**は平安時代初期，**エ**は平安時代末期のことを記している。
(4)西回りでのアジア航路の開拓を目指すスペインからの援助を得て，1492年に**コロンブス**が大西洋を横断した。
(5)長篠の戦いとは，織田信長・徳川家康連合軍が，鉄砲を有効に使った戦法で，甲斐の武田勝頼を破った戦い。
(6)①**ア**は大名の監視役，**イ**は幕府財政や幕領の監視役，**エ**は寺社の監督役である。
②参勤とは江戸に来ることを指す。
③**ア**は桃山文化，**イ**は化政文化，**ウ**は室町文化，**エ**は元禄文化にあたる。
(7)ヨーロッパでもいち早く産業革命をおこしたイギリスは，「**世界の工場**」と呼ばれるようになった。

1

(1)	例 酸素を多く含んだ血液
(2)	記号　エ
	理由　例 尿素は肝臓でつくられるから。
(3)	名称　組織液
	渡すもの　酸素・栄養分

1 (1)酸素を多く含むのが動脈血で，二酸化炭素を多く含むのが静脈血である。
(2)体内にできた有害なアンモニアは肝臓で無害な尿素につくりかえられる。したがって，肝臓から出る血液には尿素が最も多く含まれる。
(3)毛細血管からしみ出した血しょうが組織液になり，細胞に酸素や栄養分を渡したり，細胞からの二酸化炭素や不要物を溶かしこんだりする。

2

(1)	ウ
(2)	イ
(3)	例 線香が炎をあげて燃える。
(4)	集め方　上方置換法
	理由　例 水に溶けやすく，空気より密度が小さいから。

2 (1)実験1は，**炭酸水素ナトリウムの分解**で，固体の炭酸ナトリウム，液体の水，気体の二酸化炭素が生じる。同様にして，塩酸と貝殻が反応すると二酸化炭素が発生する。
(2)亜鉛にうすい塩酸を加えて発生した気体は水素である。水に溶けにくい水素や酸素は，**水上置換法**で集める。
(3)実験3で発生する気体は酸素であり，線香は炎をあげて燃える。
(4)実験4では，アンモニアが発生する。アンモニアは水に非常によく溶け，空気より密度が小さいため，上方置換法で集める。

3

(1)	0.5 A
(2) ①	回路　イ
	抵抗X　10Ω
(2) ②	回路　ア
	抵抗X　80Ω

3 (1)オームの法則(**電流＝電圧÷抵抗**)より，$10〔V〕÷20〔Ω〕=0.5〔A〕$
(2)①の回路は，P点を流れる電流が1.5Aで図Iの回路より大きいため，**並列回路**で，抵抗にかかる電圧はすべて電源の電圧に等しく10Vになる。抵抗Rに0.5A流れるので，抵抗Xには1.0Aの電流が流れ，抵抗値は，$10〔V〕÷1.0〔A〕=10〔Ω〕$となる。
②の回路は，電源の電圧が抵抗Rに2V，抵抗Xに8Vと分かれる**直列回路**で，直列回路を流れる電流は，抵抗Rから，$2〔V〕÷20〔Ω〕=0.1〔A〕$
抵抗Xの値は，$8〔V〕÷0.1〔A〕=80〔Ω〕$

4

(1)	イ
(2)	b
(3)	例 ⓐは大きな粒と粒の見えない部分で，ⓑは大きな粒だけでできている。

4 (1)B点の標高はA地点より20m低いので，A地点の深さ20mの所がB地点の地表となる。X地点はA地点より10m低く，A地点の深さ10mの所が地表となり，途中でB地点の地層に続く。
(2)凝灰岩はB地点の深さ2～4m，13～15mをしめており，標高では176～178m，165～167mの所にある。b地点の標高は165mほど。

5

A と C

5 音の高さは，振動する回数(**振動数**)で決まるので，AとCが同じ高さの音となる。BはAと同じ大きさでより高い音，Dは小さく低い音になる。

13

1

①	taking	②	went	③	surprised
④	visit	⑤	understand		

2

①	Did	②	to
A	interesting	B	am
C	many	D	lend

3

(1)	Yes, we do.
(2)	They were set in 2015.

4

(1)	daughters	(2)	during
(3)	February	(4)	nothing
(5)	color		

1 ①〈take a bath〉で「ふろに入る」の意味。直前にbe動詞があるので，進行形の〜ingにする。

②「家族といっしょに温泉に行った」という意味にしたいので，goの過去形のwentを入れる。

③〈be surprised〉で「驚く」の意味。

④These days「最近」とあるので現在形の文で，主語がmany people from other countriesと複数なので，原形を入れる。

⑤助動詞canのあとは動詞の原形を入れる。

2 ①次にジュンコがNo. He bought 〜と過去形で答えているので，過去形の疑問文になる。

②「彼らに会うために」という意味にする。

A「その本はおもしろいですか」

B 文末にnowがあるので，was readingとすると時制が合わない。現在進行形の文にする。

C 次にジュンコがseven storiesと数を答えているので，How many 〜?の疑問文に。

D ジュンコがマイクに「読み終わったら貸しましょうか」と言っている。

3 (1)「私たちは地球上のたくさんの問題をかかえていますか。」という質問。ここでのweは，尋ねる人と答える人の両方を指しているので，答えの文の主語もweのままでよい。

(2)「その目標はいつ設定されましたか。」という質問。3語以上の指定なので，主語と動詞を入れた英文を書く。

4 (1)「娘が2人と息子が1人います」

(2)**during 〜**「〜の間に」

(3)1年の2番目の月は「2月」。

(4)「今は何もすることがありません」

(5)「その色が好きではありません」

1

(1)	ⓐ ゆる んだり	ⓑ 喜 び	(2)	エ	(3)	ア
(4)	ウ	(5) イ	(6) エ	(7)	イ	

2

(1)	めでたき御吉事	(2)	ア
(3)	おおきにおどろかせたまいて		
(4)	A 太子	B 天子	(5) エ

1 (2)スプーン・ナイフ・フォークという「洋」と，箸という「和」を同時に提供するサービスである。「折衷」は，二つ以上のものの中からそれぞれの良いところをとり，調和させること。「和洋折衷」は日本と西洋の風習や様式をほどよく取り混ぜること。日本の住宅も最近は和洋折衷が主流を占めている。

(3)第三・四段落には，箸にはさまざまな機能があるが，その機能を生かすも殺すも人間次第であることが述べられている。「箸の暗黙の要求」は，そのことを**擬人法**で端的に示した表現。

(4)箸を上手に使うということは「細かい作業がうまく正確にできなくてはならない」ということから，**ウ**になる。

(5)ものを使う人(ここでは「老人」)の技術や心構えによって，もの(ここでは「箸」)の機能が十分に作用している状態を表現している。

(6)遠慮深くて動作や態度が控え目であること。

(7)本文に「必ず箸を添えて出す」「箸のない家はまずないだろう」「箸の持ち方や箸運びはとかくだらしなくなっている」とあるので，**ア・ウ・エ**は不適である。**イ**は第三段落に述べられている内容と合致している。

2 「十訓抄」は，鎌倉時代に成立した**説話集**。その名前のとおり，十の教訓の説話を集めている。

(1)会話文中の「これ」は，「犬の子を生みたりける」を指す。

(2)「ありがたきこと」は「珍しいこと・めったにないこと」。

(3)歴史的かなづかいではハ行→「わ・い・う・え・お」。

(4)「犬」という字が「太」にも「天」にも似ていることから，「太子」が生まれて，やがて「天子」になることを暗示していると申し上げたのである。

(5)結びの段落に筆者の考えが述べられている。匡衡は，詩歌の才能にすぐれているだけでなく，このような心づかいも深かったのだと結んでいる。「かかる心ばせ」は犬の子が生まれたのは吉事であると判断した機転を指している。

〈現代語訳〉そういえば，この一条天皇の時代に，一つ不思議なことがあった。上東門院の御方(藤原彰子)の寝所の内側に，犬が子を産んだのだが，思いがけない珍しいことだったので，(一条天皇は)たいへん驚きになられて，江匡衡(大江匡衡)という博士にお尋ねになったところ，「これはおめでたい吉事でございます。『犬』の字は『大』の字のそばに点をつけます。その点を上につければ，『天』になります。下につければ，『太』になります。『子』の字をつければ，『天子』とも，『太子』とも読めるでしょう。こういうわけで，太子がお生まれになり，天子におなりになるでしょう」と申し上げた。

その後，そのとおり皇子の御誕生があり，ほどなく(天皇の)位におつきになった。後一条天皇が，この(時の)皇子ということだ。匡衡は，詩歌の才能が豊かなだけでなく，このような教養なども深かったのだ。

1

(1)	$\dfrac{-7a-9b}{2}$
(2)	35°
(3)	11 cm

1 (2)∠x
=50°−15°
=35°

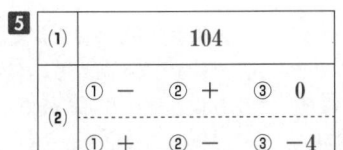

(3)半径3cmの鉄球の体積は,
$\dfrac{4}{3}\pi \times 3^3=36\pi$(cm³)
円柱の底面積は, $\pi \times 6^2=36\pi$(cm²)
だから, 上昇した水面の高さは,
$36\pi \div 36\pi=1$(cm)
したがって, 底面から水面までの高さは, 10+1=11(cm)

2

方程式	$5x+45=7x-9$
園児 27人	もち 180個

2 もちの数で方程式をつくる。
$5x+45=7x-9$
$-2x=-54$
$x=27$

3

(1)	3通り
(2)	$\dfrac{2}{9}$

3 (2)(大, 小)=(1, 4),
(2, 3), (3, 2), (3, 6),
(4, 1), (4, 5), (5, 4),
(6, 3) の8通り。

4

(1)	毎分70 m
(2)	$y=-60x+4200$
(3)	① 2分後
	② $a=900$
(4)	52.5

4 (1)$2100\div(35-5)=70$(m/min)
(2)2点(35, 2100), (70, 0)を通るグラフの式を求める。
(3)①弟が鉄塔から家に向かって歩くときのグラフは, 点(30, 2100), (70, 100)を通るので, 式は,
$y=-50x+3600$ $y=0$ を代入して,
$x=72$ 72−70=2(分後)
②弟がt分後に家からa mの地点にいるとすると,
$-50t+3600=-60(t+1)+4200$
これより, $t=54$
$y=-50x+3600$ に $x=54$ を代入して, $y=900$
(4)弟は $2100\div(70-30)=52.5$(m/min)
より速い速さで歩かないといけない。

5

(1)	104		
(2)	① −	② +	③ 0
	① +	② −	③ −4

5 (1)19+21+31+33=104

(3)例 aは奇数だから, nを整数として, $a=2n-1$ とすると,
$a+b+c+d=(2n-1)+(2n+1)+(2n-1+12)$
$+(2n+1+12)$
$=8n+24=8(n+3)$
$n+3$は整数だから, $a+b+c+d$ は8の倍数になる。

1

(1)	① 〒 郵便局
	② △ 三角点
(2)	ア（→）イ
(3)	田
(4)	南東
(5)	りんご
(6)	イ
(7)	1.25　　km
(8)	ア←

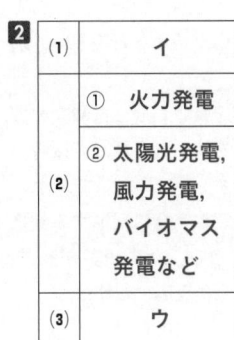

減反政策とは, 米の作付を制限したり, 他の作物を栽培することをすすめたりして, 米の生産量を減らす政策である。

1 (1)②は測量の基準となる三角点で, 高さの基準となる水準点は⊡である。
(2)アの標高はおよそ42 m, イは36 mである。
(3)長方形に区画された田が広がっている。
(5)長野県以外は東北地方の各県があがっているため, 冷涼な気候で育つ果実であることがわかる。
(6)面積からアは沖縄県。65歳以上の割合の高さと, 工業出荷額の大きさから, イが青森県だとわかる。
(7)2万5千分の1の地形図だから,
　　5 cm×25000=125000 cm
　　　　　　　=1.25 km
(8)1970年ごろより米があまりだしたため, 減反政策が行われ, この地方では田を果樹園にかえた。しかし, 海外からの輸入米に対する国産米の競争力を高めるという方針から, 2018年に政策は廃止された。
(9)青森県は, りんごの価格が高くなる春から夏にかけても出荷している。

(9)	例 他の都道府県の出荷量が減り, 価格が高くなる夏に出荷できるようにするため。

2

(1)	イ
(2)	① 火力発電
	② 太陽光発電, 風力発電, バイオマス発電など
(3)	ウ

2 (1)1990年代以降は, 不況や工場の海外移転が進んで, 工業生産額は全国的に減少した。京浜, 阪神の各工業地帯は生産額の割合が減少している一方, 中京工業地帯は輸送用機器の生産により, 割合が増加している。
(2)アは水力, イは火力, ウは原子力発電である。1970年代の石油危機をきっかけに原子力発電が増加したが, 福島第一原子力発電所の事故後, その安全性について議論がなされている。
(3)小笠原諸島は東京都に属している。

3

(1)	伊藤博文	
(2)	ウ	
(3)	ア	
(4)	① ウ	② エ
	③ ア	

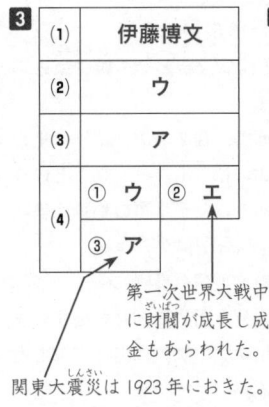

第一次世界大戦中に財閥が成長し成金もあらわれた。

関東大震災は1923年におきた。

3 (1)Aの伊藤博文は, のちに立憲政友会総裁や初代韓国統監に就任するなどしたが, 1909年, 満州のハルビンで安重根に暗殺された。
(2)Bは原敬である。彼は1918年に立憲政友会総裁として本格的な政党内閣を組織した。
(3)Cは吉田茂である。サンフランシスコ平和条約は1951年に結ばれた。
アは1950年, イは1960〜65年, ウは1991年, エは1962年におきた争いである。
(4)イは太平洋戦争中のことである。

1

(1)	天気	くもり
	風向	南西
	風力	2
(2)		1008 hPa
(3)	①	例 短い時間に激しい雨を降らせた。
	②	エ

2

(1)	イ（←） P〜Q
(2)	電流 0.8 A
	抵抗 15 Ω
(3)	例 回路を流れる電流の大きさが変わらないので，コイルのふれの大きさも変わらない。

3

(1)	例 鉄と硫黄が反応するときに熱が発生するから。
(2)	例 手であおいでにおいをかぐようにする。
(3)	イ
(4)	16.5 g

4

(1)	a	道管
	b	師管
(2)		網状脈
(3)		気孔
(4)		蒸散

1 (1)矢羽根の向きが風向を表す。

(2)低気圧のすぐまわりの太い線が1000 hPaで，A地点はそれより2本外側なので，1000＋4×2＝1008〔hPa〕となる。

(3)①②Xの前線は寒冷前線なので，積乱雲が発生し，短時間に激しい雨を降らせる。また寒冷前線が通過すると，気温が下がり，風向は北寄りに変わる。

2 (1)電流の流れる向きは，電源の＋極から−極への向きで，**右ねじを回す向き**に磁界ができる。

(2)電流計の−端子は5 Aに接続してあるので，電流計の読みは0.80 Aになる。9 Ωの電熱線に流れる電流は，**オームの法則**より，

$I＝V÷R＝4.5〔V〕÷9〔Ω〕＝0.5〔A〕$

電熱線Xに流れる電流は，

$0.8〔A〕−0.5〔A〕＝0.3〔A〕$

よって，$R＝4.5〔V〕÷0.3〔A〕＝15〔Ω〕$

(3)直列回路では，流れる電流の大きさはどの部分も同じになる。

3 (1)鉄と硫黄の反応で生じる熱により，この反応は次々と進んでいく。そのため，最初に反応が始まった段階で，加熱をやめる。

(2)有毒な気体を吸いこむと危険なので，気体のにおいをかぐときは，直接吸いこむことはせず，手であおいでかぐ。

(3)②で鉄と硫黄が完全に反応する質量比は7：4である。いま硫黄が6.0 gあるので，完全に反応する鉄は，

$x：6.0＝7：4 \quad x＝10.5〔g〕$

鉄は12.6 gあったので，

$12.6−10.5＝2.1〔g〕$だけ余る。

(4)(3)より，鉄10.5 gと硫黄6.0 gが反応するので，できる硫化鉄は，

$10.5＋6.0＝16.5〔g〕$

4 (1)道管と師管を合わせて**維管束**という。

(2)茎の断面で，**図2**のように維管束が輪状に並ぶのは，ホウセンカなどの**双子葉類**である。双子葉類の葉脈は網状脈，根は主根と側根からなる。

(3)**気孔**は植物の葉の裏側に多く，植物の体内の水分を水蒸気として出す。また，二酸化炭素と酸素の出し入れも行われている。

(4)**蒸散**によって，植物は根から水や養分を吸い上げることができる。

1

(1)	TV is the most popular thing		
(2)	勉強をすることとスポーツをすることが同じぐらいの人気である		
(3)	A イ	B ウ	C ア
(4)	a No	isn't	b watching TV better

2

(1)	① ウ	② ウ	③ ア
	④ エ	⑤ ア	
(2)	① open	② weather	
	③ month	④ subject	
(3)	① is not as large as		
	② Playing tennis is interesting		
	③ big one is hers		

1 (1)「テレビをみることは男子と女子のあいだで最も人気があることです」という意味を表す文を作る。

(2)ケンジは前のサオリの言葉を受けて "That's interesting." と言っているので，直前のサオリの言葉を日本語にすればよい。

(3)「男子は音楽よりスポーツが好き」とあるので，Aがスポーツ。また，「女子は勉強とスポーツの人気が同じ」とあるので，Bが勉強。残ったCが読書。

(4)a「テレビをみることは，女子よりも男子のあいだで人気があるか」表でみると，女子のあいだの方が人気が高い。

b サオリの3番目の発言より，テレビの方が好きである。どちらが好きかの質問には，答えの最後にbetterをつけるのを忘れないこと。

2 (1)① walk の部分を尋ねる。**how**「どのようにして」

②「私は病気だったので，家にいなければならなかった」**had to** 〜は have to 〜の過去形。

③「トシコと私」の意味で，we が適切。

④**Shall I 〜?**「〜しましょうか」に対して **Yes, please.**「はい，お願いします」。ことわるときは **No, thank you.**「いいえ，けっこうです」。

⑤「私は今忙しいです」と言っているので，相手を手伝うことができないとわかる。そこで「すみませんが，できません」となる。

(2)①相手も「この部屋はとても暑いですね」と言っているので，「窓を開けてくれませんか」が適切。

②「雨でした」と答えているので，「天気はどうでしたか」となる。

③ March は「1年の3番目の月」。

④「どの科目がいちばん好きですか」

(3)① as 〜 as を先に組み立てるとよい。

②「テニスをすることはおもしろい」Tennis is playing interesting. では意味が通らない。

③「大きいほうが彼女のものです」とする。